国家社会科学基金一般项目（20190864）
江西财经大学产业经济研究院
江西财经大学规制与竞争研究中心

中国城市民营化供水企业绩效影响因素与规制改革研究

陈明 著

企业管理出版社
ENTERPRISE MANAGEMENT PUBLISHING HOUSE

图书在版编目（CIP）数据

中国城市民营化供水企业绩效影响因素与规制改革研究／陈明著．—北京：企业管理出版社，2021.4
ISBN 978-7-5164-2296-0

Ⅰ.①中…　Ⅱ.①陈…　Ⅲ.①城市供水–民营企业–企业绩效–研究–中国　Ⅳ.①F426.9

中国版本图书馆 CIP 数据核字（2020）第 242985 号

书　　名	中国城市民营化供水企业绩效影响因素与规制改革研究
作　　者	陈　明
责任编辑	郑　亮　田　天
书　　号	ISBN 978-7-5164-2296-0
出版发行	企业管理出版社
地　　址	北京市海淀区紫竹院南路 17 号　　邮编：100048
网　　址	http://www.emph.cn
电　　话	编辑部（010）68701638　发行部（010）68701816
电子信箱	emph001@163.com
印　　刷	北京虎彩文化传播有限公司
经　　销	新华书店
规　　格	145 毫米×210 毫米　32 开本　6.75 印张　150 千字
版　　次	2021 年 4 月第 1 版　2021 年 4 月第 1 次印刷
定　　价	58.00 元

版权所有　翻印必究　·　印装有误　负责调换

前言

城市供水行业作为市政公用事业的重要组成部分，是城市经济可持续发展的基础。供水是水务行业产业链中的重要环节，我国对城市供水行业一直实行政府管控、政企合一的管理体制，把城市供水当作社会公益性福利事业，强调其公共服务性，对其经济性认识不足。本书的写作目的在于，第一，对我国政府实行20余年的城市供水企业民营化改革成果进行研究，探究供水企业的绩效水平是否达到预期目标及影响供水企业绩效的关键因素，分析研究结果，为政府进一步推进供水企业民营化改革和企业高效健康发展提供建议。第二，研究政府现行规制政策（价格规制和进入规制）的施行效果，着重对规制政策下的民营化供水企业绩效进行研究，以期在优化与改革水务行业规制政策方面做出贡献。本书分为4个部分探讨中国城市民营化供水企业的绩效和规制改革。

第一部分包括第1章——导论，第2章——国内外理论研究综述。

该部分主要是提出问题，即本书研究"要干什么"。通过对中国城市供水行业的现状分析及对相关文献的系统梳理，研究发现，学术界对民营化改革能否有效提升城市供水企业绩效水平存在相当明显的争议和分歧；对中国城市供水行业规制政策效果与城市供水企业绩效评价的研究方面，多为定性描述与定性分析，实证研究成果不多；既往研究在做供水行业或水务行业绩效评估与规制效果分析时，基本以经济性规制研究为主，对社会性规制的关注与研究尤其是定量研究方面有所忽视。由此，确定了本书的研究重点，拟定了研究方法，厘清了研究思路。本书将"民营化是否为供水企业绩效水平的关键因素"列为研究的第一个命题。如果是，那么民营化是如何影响并提升供水企业绩效水平的？如果不是，那么什么因素是影响供水企业绩效水平的关键因素，它或它们是如何影响的？此为研究的第二个命题。第一个命题与第二个命题回答与解释后，自然也就可以回答"如何提升供水企业绩效水平"的第三个命题，即可以提供具有解决方案意义的政策建议。

第二部分包括第 3 章——我国城市水务行业发展历程与供水特点分析，第 4 章——我国城市民营化供水企业绩效评价研究，第 5 章——我国城市民营化供水企业绩效影响因素分析。

第 3 章简要回顾了我国供水行业的发展历程，对我国城市供水行业特征进行了总体刻画，并且对供水行业发展趋势进行了展望，对我国供水行业做了定性描述，为后续章节的分析研究打下了基础。

第 4 章首先界定了所研究的供水企业仅涵盖主营业务为供水业务的上市公司，选取沪深两市城市供水企业作为样本，根据民营化程度将其分类并分析民营化程度高低对城市供水企业绩效的影响。基于 DEA 和 Malmquist 指数法对不同省份 9 家供水企业 2010—2017 年的生产效率进行了研究。同时，从盈利水平、资产运营、偿债、成长发展 4 个角度构建城市供水企业绩效评价体系的衡量标准，运用18个单项指标，对14家民营化程度不一的上市供水企业进行统计分析，研究发现，高度民营化和国有控股部分民营化的企业在盈利水平和资产运营方面差别较小。两者的差异主要反映在偿债能力和成长发展能力两方面，高度民营化的供水企业和国有控股部分民营化企业的偿债和成长发展能力都较好，但高度民营化的供水企业更好一些。然后运用因子分析法对供水企业的绩效做出综合评价，研究发现，高度民营化供水企业的分值更高。由于社会和企业的利益存在相互矛盾性，国有绝对控股易影响企业的经营绩效。其次，部分民营化的供水公司绩效要优于完全民营化的供水公司绩效，这也意味着并非民营资本比例越高的企业经营绩效就越好，尽管非国有资本的进入的确能提高城市供水行业的经营绩效。

第5章从理论上阐述影响城市民营化供水企业绩效的宏观、中观和微观三方面因素，并分析了各因素对供水企业绩效产生影响的机制。以第4章14家上市供水企业2007—2016年的面板数据作为研究对象，采用双向固定效应模型分析核心解释变量民营化程度对企业各绩效指标的影响。研究发现，城市供水企业民营化程度越高，越有助于提高企业的总资产周转率与高层次人才利用率，对企业运营能力的提升有显著促进作用。但是，研究还发现，"城市供水企业民营化程度越高，企业的净资产收益率越高，企业的营业收入增长率越高"并不成立。"城市供水企业民营化程度越高，企业主营业务利润率越高，企业的营业收入增长率越高"并不显著。

基于第4章、第5章的研究结论，本书总体认为民营化尽管对供水企业绩效水平提升具有某种正向作用，但是民营化肯定不是供水企业绩效的决定性因素，绩效水平的关键在于竞争所导致的体制机制因素，而竞争则是由规制政策所决定的。

第三部分包括第 6 章——我国城市供水行业政府环境规制效率的实证研究，第 7 章——我国城市供水行业政府规制效果评价研究。

与城市供水行业有关的社会性规制，如城市供水行业的环境规制对供水企业绩效水平的制约将越来越大，而社会性规制往往容易受到忽视。人民对美好生活的向往，决定了今后社会性规制在城市供水行业必须得到强化，供水企业为提高水质而付出的成本必然提高。为此，特别将政府环境规制效率问题作为本书研究的重要组成部分。第 6 章主要研究了 2006—2015 年国家层面的水环境规制相对效率，发现我国水环境污染状况呈现轻微的 N 形。

第 7 章主要研究了经济性规制对民营化供水企业绩效的影响。选取 2008—2017 年中国 12 家上市供水企业年末的面板数据，以价格规制与进入规制两方面设定政府规制变量，通过利润率和效率指标分析城市供水行业的政府规制效果。通过数据分析可知，供水企业的绩效不会受到收益率价格规制和放松进入规制政策的积极影响。虽然城市供水企业利润率不会因收益率价格规制的运行而增加，会产生一定的积极作用，说明当前供水企业资本劳动使用比已经偏离最优比例，可能存在资本过度使用问题。同时发现，放松进入规制对供水企业的绩效没有明显的推动作用，进入规制政策短期调控的效果不佳，长期调控不具有稳定性，表明外来资本与民营资本对城市供水企业的投资推动力不大，无明显的积极性，竞争环境也并非完全开放。

研究发现，供水行业的发展没有因为规制政策的制定，尤其是收益率价格规制和放松进入规制的制订而产生积极的效果。

第四部分包括第8章——城市供水行业政府规制效果评价与规制改革政策建议，第9章——总结与展望。

结合本书研究结论，第8章对城市供水规制改革提出如下政策建议。①对规制改革目标排序分级。将满足城市供水需求为规制改革的首要目标，提高供水效率是规制改革的核心目标，保证供水水质量是规制改革的底线目标。②完善规制改革法理依据对影响城市供水规制改革的法律法规，依据上位法，结合实际予以修订完善。③建立独立的规制机构。改革与完善目前规制机构的职能，使规制机构不再直接管理供水企业，即淡化管理职能，强化监管职能，独立或相对独立于政府部门，实现"政监分离"。④进一步放松进入规制。对国内民间资本、国有资本等在满足进入特许经营条件时，实行无歧视、无差别待遇。通过规制改革，鼓励与引导民营供水企业参股国有供水企业，鼓励与引导民营供水企业推行横向一体化和纵向一体化战略。⑤实施基于差别条件的差异化价格规制。根据城市各方面条件的差异，有的城市可先期选择收益率价格规制，后期过渡到价格上限规制，有的城市可以直接采取价格上限等激励性规制；同时，积极推进阶梯式水价改革。⑥完善竞争性特许经营制度。规制机构要监管政府与企业保证充分的信息公开，保证充分的公平竞争，保证特许招标经营合同承诺的实施到位。⑦积极推广标尺竞争。运用标尺竞争手段，放开供水市场竞争，允许标杆企业进入供水地域，取代或部分取代原在位供水企业。⑧强化自来水供水质量规制。规制机构要求供水企业公开定期披露自来水供水水质质量，对不达标的供水企业予以必要的经济处罚，向政府有关部门追究其行政责任；要求政府有关部门与供水企业建立自来水应急管理预案；规制机构要高度重视水源地水质质量与水环境质量；将二次供水水质纳入日常监管范围。

第9章对本书研究进行了回顾与梳理，简要总结了研究结论，肯定了研究成果，提出了研究的不足之处与今后的研究着力点与方向。

【关键词】 民营化　供水企业　绩效评价　绩效影响因素　规制

目录

第1章 导论 ... 1

1.1 研究背景 ... 2
1.2 研究意义 ... 4
1.2.1 理论意义 ... 4
1.2.2 现实意义 ... 5
1.3 研究对象 ... 6
1.4 研究方法 ... 7
1.5 研究思路与研究内容 ... 9
1.5.1 研究思路 ... 9
1.5.2 研究内容 ... 9
1.6 研究的创新与不足 ... 12
1.6.1 主要创新 ... 12
1.6.2 主要不足 ... 14

第2章 国内外理论研究综述 ... 17

2.1 城市水务民营化的效率问题研究 ... 18
2.2 城市水务民营化绩效的影响因素研究 ... 22
2.3 城市水务民营化相关的规制研究 ... 24
2.3.1 规制相关理论研究 ... 24

2.3.2 规制效果评价的理论研究 ……………………… 25

2.3.3 规制改革的理论研究 …………………………… 27

2.4 现有研究的局限 ………………………………………… 29

第3章 我国城市水务行业发展历程与供水特点分析 ………… 31

3.1 水务行业发展历程 ……………………………………… 32

3.2 水务行业的界定 ………………………………………… 34

3.2.1 水务产业链分析 ………………………………… 34

3.2.2 水务行业生命周期 ……………………………… 35

3.3 供水行业基本特征 ……………………………………… 35

3.4 我国城市供水行业发展趋势 …………………………… 37

第4章 我国城市民营化供水企业绩效评价研究 ……………… 41

4.1 基于 DEA 和 Malmquist 指数法的民营化供水企业绩效评价 ………………………………………… 43

4.1.1 基于 DEA 和 Malmquist 指数法的绩效评价方法与内容 …………………………………… 43

4.1.2 基于 DEA 和 Malmquist 指数法的绩效评价分析 …………………………………………… 45

4.1.3 基于 DEA 和 Malmquist 指数法的绩效评价结果 …………………………………………… 57

4.1.4 基于 DEA 和 Malmquist 指数法的绩效评价结果分析 ……………………………………… 68

4.2 我国城市民营化供水企业样本选择与指标构建 … 70

4.2.1 企业样本选择 …………………………… 70
　　4.2.2 绩效评价指标体系的构建 ………………… 73
4.3 城市民营化供水企业单项绩效指标评价 ………… 78
　　4.3.1 盈利能力指标评价 ………………………… 78
　　4.3.2 运营能力指标评价 ………………………… 83
　　4.3.3 偿债能力指标分析 ………………………… 86
　　4.3.4 成长发展能力指标评价 …………………… 89
4.4 基于因子分析法的城市民营化供水企业
　　综合绩效评价 …………………………………… 92
　　4.4.1 方法的选择 ………………………………… 92
　　4.4.2 实证分析 …………………………………… 94
　　4.4.3 我国城市民营化供水企业绩效评价结果 …… 110

第5章 我国城市民营化供水企业绩效影响因素分析 …… 111

5.1 城市民营化供水企业绩效影响因素的理论分析 … 112
　　5.1.1 宏观影响因素 ……………………………… 112
　　5.1.2 行业影响因素 ……………………………… 114
　　5.1.3 微观影响因素 ……………………………… 115
5.2 城市供水企业民营化的绩效影响实证分析 ……… 118
　　5.2.1 评价指标选择与数据说明 ………………… 118
　　5.2.2 理论解析与相关假设 ……………………… 123
　　5.2.3 模型构建与检验结果 ……………………… 124
　　5.2.4 稳健性检验 ………………………………… 127
　　5.2.5 实证结论分析 ……………………………… 134

第6章 我国城市供水行业政府环境规制效率的实证研究 …… 137

6.1 城市供水行业的特征及其规制的多重性 ………… 138
6.1.1 城市供水行业的特征 …………………………… 138
6.1.2 城市供水行业规制的多重性 …………………… 140

6.2 城市供水行业政府环境规制效率评价 …………… 140
6.2.1 决策单元与指标选取 …………………………… 140
6.2.2 数据收集与处理 ………………………………… 141
6.2.3 综合效率评价 …………………………………… 142

6.3 基于环境库兹涅茨曲线的环境规制绩效实证检验 …………………………………………………… 142

6.4 我国城市供水行业政府环境规制效率的实证结果分析 ……………………………………………… 145

第7章 我国城市供水行业政府规制效果评价研究 ………… 147

7.1 我国城市供水行业政府规制效果评价模型基础 …………………………………………………… 148
7.1.1 城市供水价格收益率规制模型基础 ………… 148
7.1.2 城市供水行业放松进入规制模型基础 ……… 150
7.1.3 城市供水行业政府规制对企业影响的目标假设 ……………………………………………… 151

7.2 我国上市供水企业政府规制效果的实证研究 …… 152
7.2.1 指标选取 ………………………………………… 153
7.2.2 数据来源与说明 ………………………………… 156
7.2.3 模型选择 ………………………………………… 161

7.2.4　实证检验 ………………………………………… 162

　　7.2.5　模型结果分析 …………………………………… 166

第8章　城市供水行业政府规制效果评价与规制改革政策建议 ………………………………………… 169

8.1　城市供水行业政府规制效果分析 ……………………… 170

8.2　城市供水行业政府规制改革政策建议 ………………… 171

　　8.2.1　对规制改革目标排序分级 ………………………… 172

　　8.2.2　完善规制改革法理依据 …………………………… 174

　　8.2.3　建立独立的规制机构 ……………………………… 175

　　8.2.4　进一步放宽进入规制 ……………………………… 175

　　8.2.5　实施基于差别条件的差异化价格规制 …………… 177

　　8.2.6　完善竞争性特许经营制度 ………………………… 178

　　8.2.7　积极推广标尺竞争 ………………………………… 179

　　8.2.8　强化自来水供水质量规制 ………………………… 180

第9章　总结与展望 ………………………………………… 183

参考文献 ……………………………………………………… 188

第 1 章

导 论

1.1 研究背景

改革开放至今 40 多年，经过不断深入探索，我国社会主义市场经济体制日臻完善。随着时代的进步，许多行业因时制宜做出改变以求生存与发展，由此发生的变化是巨大的。城市供水行业作为城市公用事业的重要组成部分，初步进行了市场化和民营化的改革探索。

自党的十四大提出了经济体制改革的目标是建立社会主义市场经济体制，中国对外开放的力度进一步加大。在这样的时代背景下，国家出台了鼓励外商投资国内基础设施领域的政策。1992 年，法国苏伊士集团旗下的中法水务承担了广东中山市坦洲水厂的投资建设，这也是中国率先全部由外商投资建设并经营管理的水厂。只是在彼时，外资只能投资供水生产和污水处理环节，还不能参与投资管网建设环节。但是，这也意味着中国城市供水行业开始进行市场化的探索。

2001 年，中国加入世贸组织为外资进入我国供水行业提供了良好的契机，外资企业的数量开始大幅增长，为我国城市供水行业资本结构的比例带来了实质性变化。2002 年 6 月，上海友联同上海水务局下属的水务资产经营发展公司签约，此事件标志着我国民营资本正式迈入水务市场，该合约为上海友联获得了上海市竹园污水处理厂 20 年的特许经营权，作为当时上海市最大的污水处理项目，总投资金额高达 8.7 亿元之多。2002 年，中华人民共和国建设部出台了《关于加快市政公用行业市场化进程的意见》的政策文件，允许外资与民营资本投资城市水务行业建设，同时允许外资与民营资本参股城市供水企业，标志着我国放宽了水务行业进入规制。受到政策鼓励，外商投资企业、国内民营资本通过PPP、BOT、TOT等模式大举进入城市供水行业，形成了我国城市供水行业民营化的第一波浪潮。2004年，中华人民共和国建设部出台了《市政公用事业特许经营管理办法》的政策文件，允许外商投资企业、国内民间资本通过特许经营投标的方式参股现有城市供水企业，这是城市供水行业进入规制的再次放宽。这两个政策文件，表示外资与国内民营资本通过合规方式，既可以获得城市供水行业的增量资产，也可以获得存量资产。文件出台后，包括法国威立雅环境集团、英国泰晤士水务集团等水务巨头在我国部分城市与国有水务企业合作设立合资企业。与此同时，部分民营企业也随之进入城市供水行业。这样，我国城市供水行业初步形成了国有资本、国内民间资本和外资共同竞争的局面。

供水企业经营效率不高、缺少竞争活力、投资不足一直是行业存在的问题。供水企业民营化改革的目的在于通过民营化和市场化改革激发市场活力，从而为城市居民提供更好的供水服务。民营资本进入供水行业要发挥效力，还必须借助规制改革政策的配合，才能促进竞争，提高供水企业效率，从而增进社会福利。因此，一些学者对供水行业的民营化改革方案仍存疑虑。

从现实层面来看，推行多年的城市供水行业民营化改革使得我国供水行业形成了新的竞争格局，取得了一些效果。但是部分难题并没有得到有效解决，同时还出现了一些新的问题。例如，规制机构与供水企业间的信息不对称、社会公共利益受损、不公开导致的投资回报率规制下的 A-J 低效等。

民营供水企业的绩效水平，必须通过科学合理的方法进行考核，并找出影响供水企业绩效水平的关键因素。同时，在现实环境条件下，对政府规制政策的有效性进行研究分析，合理调控进入规制与收益率价格规制的政策效果，是提升我国供水企业的绩效水平的重要研究方向。

1.2 研究意义

城市民营化供水企业影响要素和规制效果的研究主要是对绩效和政策的事后评价，主要对供水企业的未来经营管理提供科学有效的指引，以及对即将实施的政策进行预先设定的目标契合度评价。在本书研究中，主要从微观企业和宏观政策层面出发，以中国城市供水公司作为研究对象，并且对企业绩效和影响指标进行理论和实证分析，以及对规制政策效果进行科学的评价，相信这对于我国城市供水行业的良性发展和对规制改革的政策设计具有一定的理论意义和现实意义。

1.2.1 理论意义

本书通过文献分析、实地调研、数据采集等方法，在借鉴和吸收其他学者研究成果的基础上，对构建供水企业绩效评价体系进行了一定的创新，试图构建更为客观、全面的评价指标体系。继采用行之有效的方法后，选取了更新的数据样本，重新对我国上市供水企业进行了绩效评估。本书通过构建面板数据模型，采用多元回归的方法，实证研究民营化供水企业的绩效影响因素，进而为相关的学术研究提供理论依据。

国外对城市供水行业的规制效果评价和研究体系已逐渐成熟，但是中国国情与国外存在差异性，不同地区的条件不同，很可能导致结论大相径庭。基于社会主义市场经济的特殊性，规制效果的评价严重依赖具体国情。首先，要因地制宜，不能将国外相关理论照搬用于指导我国城市供水行业。其次，国内对城市供水行业的研究主要集中在两方面：一是对国外城市供水行业规制经验的介绍和梳理；二是集中探讨中国城市供水行业的规制效果。截至目前，从掌握的文献资料看，对规制效果基于可靠数据的实证研究仍然较少。通过实证研究，可以为中国城市供水行业的规制效果评价提供部分直接证据，并研究分析规制政策对上市供水公司利润率和效率产生的影响，为我国政府进行城市供水行业的规制政策改革提供重要的参考与理论支撑。最后，提出对中国城市供水行业未来规制改革的政策建议，以期成为我国城市供水行业规制改革的重要参考。

1.2.2 现实意义

城市供水服务与人民生产、生活息息相关，它既具有一定的商品属性也具有一定的公共品属性。我国在借鉴国外实践经验的基础上，向民营资本开放了供水业务。供水企业民营化改革已经在我国推行了多年，尽管尚未大面积铺开。但是，政府、居民甚至包括潜在投资者都迫切需要了解民营化供水企业的绩效状况。本书为此专门设计了相关指标评价体系，通过数据采集，对民营化供水企业绩效进行评估，从而为供水行业利益相关方提供较为全面、真实的评价结果。同时，本书还对国内不同民营化程度的城市供水企业的绩效水平予以横向比较，为这部分民营化供水企业的有效运营提供具有参考价值的研究结论。

与此同时，供水行业本身的特殊性质使其具有自然垄断属性，由此不可避免地需要政府实行有效规制。在现实环境中，政府在不同时期的规制政策需要结合各种现实条件。通过研究供水行业规制改革的效果，可以探究现行的规制政策是否有效，在多大程度上有效，并结合本书研究结论，着眼于结合实际、促进竞争、提升效率、兼顾公平，为我国城市供水行业规制改革提出具有实践价值的政策建议，为我国城市供水行业的长期良性发展做出切实有效的努力。

1.3 研究对象

鉴于我国城市供水企业所有制结构构成的复杂性，根据本书研究的需要与数据的可得性，按照民营化的高低程度，对供水企业进行划分。将供水业务达到一定比例的水务上市公司视为民营化供水企业，尽管有部分上市公司属于国有控股企业，但是本书将其视为低度民营化供水企业。并且，外资供水企业未包含于民营化供水企业内。需要进一步说明的是，本书第4章、第5章、第7章所研究的供水企业或民营化供水企业主要是指供水业务达到一定比例的水务上市公司。

此外，本书中所提到的"供水行业"是指包括民营化供水企业在内的所有供水企业组成的，并不限于供水业务达到一定比例的水务上市公司。本书第3章、第6章、第8章所研究的供水行业或供水企业除非特指，一般理解为所有供水企业，包含外资供水企业在内。

1.4 研究方法

本书对江西南昌、广东南海、浙江温州、湖北十堰等城市实地调研考察了部分有供水业务的水务上市公司、外资供水企业、国有控股供水企业、中小型民资控股供水企业，同时还对部分城市的有关部门进行了调研。通过电话向首创集团等企业咨询了个别问题。通过实地考察调研，获得了部分一手数据资料，对供水企业尤其是民营化供水企业增加了感性认识与理性认识，对民营化供水企业发展现状有了进一步了解，对政府规制政策有了进一步认识。当然，出于各种原因，调研并没有获得全面、完整、连续记录的重要数据资料。总体而论，这些调研工作为本书研究克服明显偏差创造了较好条件。本书研究方法还包括以下四种。

（1）文献研究。

文献研究是本书实证分析的基础。它是指通过对以往文献进行搜集、归纳和整理，而对某一学术领域形成基本认识的方法。例如，通过检索国内外对城市供水行业政府规制效果评价的相关文献，对目前城市供水行业规制效果评价理论有了更加深刻的认识，并通过对以往规制效果评价模型的梳理，为构建本书模型奠定了坚实的理论基础。此外，通过参加相关学术会议，如中国工业经济年会、浙江财经大学承办的中国政府管制论坛、江西财经大学主办的全国产业经济学研究生学术论坛等,进行学术交流,吸纳较好的建议,进一步丰富研究思路。

(2) 统计分析方法。

统计分析方法是在数学公式的基础上,构建数学模型,通过分析样本数据了解研究对象之间的相互关系。本书研究的主要目的是探索政府规制行为下的企业行为和生产效率,这就需要进行大量的数据分析。本书分析了城市水务上市公司的相关数据,作为政府规制效果评价结论真实性和可靠性的必要条件。同时,这也为后续的实证分析奠定了坚实基础。

(3) 计量经济方法。

计量经济方法是现在实证分析中应用最为广泛的一种方法,其通过建立计量模型,探索经济变量之间的因果关系。城市水务政府规制是十分复杂的体系,将其简化为价格规制和进入规制进行分析,但计量模型中仍涉及较多的变量。而计量经济方法就是用来考察变量之间关系的方法。在进行规制效果评价时,定量测定了规制效果指标和规制行为指标间的影响关系,并运用面板模型进行了实证分析。

(4) 实证研究与规范研究相结合。

实证研究是对现实情况的客观反映,解释其现象,即"是什么"的问题。规范研究是一种价值判断方法,主要解决该现象"应该是什么"的问题,对研究对象进行价值判断。首先,利用规范分析方法来构建城市水务规制效果评价体系,并进一步阐释了收益率价格规制下城市水务的最优选择。其次,用实证分析方法定量检验了政府规制行为的客观效果,为规制改革提供实证依据。

1.5 研究思路与研究内容

1.5.1 研究思路

本书遵循提出问题、分析问题、解决问题的思路，以城市民营化供水企业为研究对象，深入探寻其产生根源，剖析民营化对城市供水企业绩效的影响机理，采用实证研究方法对其影响程度及影响因素进行测度，在验证政府规制的效率与效果的基础上提出政府规制改革的建议，如图 1-1 所示。

1.5.2 研究内容

本书共分为九章。

第 1 章为导论。主要对本书的研究背景与意义、研究对象、研究方法、研究思路、研究内容、研究的创新与不足进行了概述。

第 2 章为国内外理论研究综述。通过梳理文献，找出既往研究存在的可以改进的不足，提出本书的研究重点与可能的创新点。

第 3 章为我国城市水务行业发展历程与供水特点分析。主要从水务行业发展历程、水务行业的界定、供水行业基本特征及未来发展趋势进行探讨，为后文的绩效评价和规制研究分析做出铺垫。

第 4 章以 2010—2017 年为研究区间，运用 DEA 和 Malmquist

指数法、因子分析法，对我国城市民营化供水企业绩效评价进行研究，检验民营化供水企业经营绩效并分析民营化程度对供水企业有无影响。

第5章为我国城市民营化供水企业绩效影响因素分析。该部分主要在实证研究的基础上，以2007—2016年为研究区间，运用多种方法对该区间民营化供水企业的绩效进行具体测度。

第6章为我国城市供水行业政府环境规制效率的实证研究。该部分主要在超效率DEA分析方法的基础上，以2006—2015年为研究区间，对环境规制过程中政府规制效率进行研究。

第7章为我国城市供水行业政府规制效果评价研究。该部分通过分析2008—2017年中国12家民营供水企业的数据，构建进入规制和价格规制为代理变量的动态面板模型，分析收益率价格规制和进入规制政策对民营化供水企业绩效的影响。

第8章从城市供水行业政府规制效果出发对政府规制改革提出了相关对策建议。该章结合我国国情及民营化供水企业的经营特点，从规制改革基础、规制改革要点、规制改革拓展三方面提出了具体对策建议。

第9章为总结与展望。该章对本书研究做了简要回顾与系统梳理，提出了本书研究的不足与今后的努力方向。

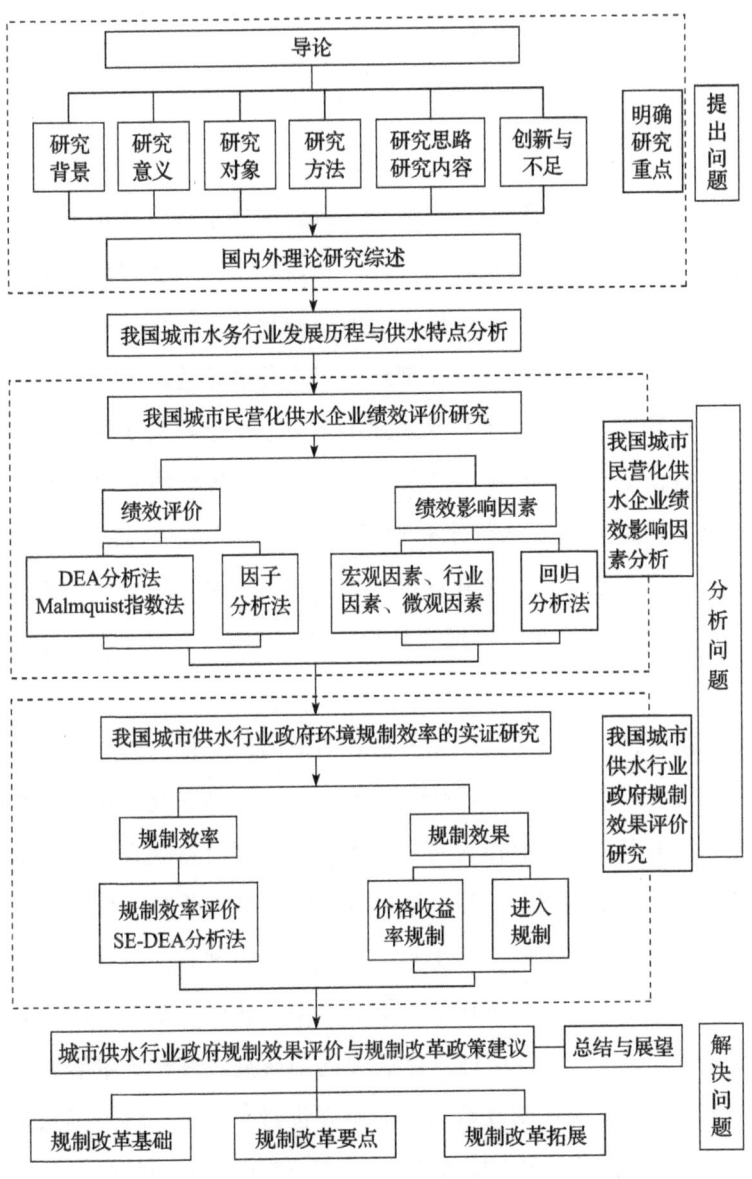

图 1-1 本书研究框架

1.6 研究的创新与不足

1.6.1 主要创新

通过梳理相关理论研究成果，目前国外学者对我国城市供水的专门研究尚缺乏足够的关注。国内学术界对我国城市供水行业规制政策效果与城市供水企业绩效评价方面的研究，多为定性描述与定性分析，以及国外城市水务民营化的发展动态与实践经验方面的实证研究成果并不多见。从已有的实证研究成果来看，基于水务行业整体层面或省际面板数据的宏观维度而展开的研究较多，从供水企业的微观维度进行探讨的研究较少。本书正是从供水企业的微观维度出发，对我国城市民营化供水企业的绩效评价与规制政策效果进行探讨研究，主要创新如下。

第一，研究视角的明显创新。本书的研究视角创新表现为研究视角的微观化和拓展化两个方面。首先是研究视角的微观化。本书以供水企业作为研究对象，将研究对象微观化进行实证研究，这是不同于以往的研究——以水务行业整体作为研究对象的宏观视角研究。其次是研究视角的拓展化。以往研究供水行业或水务行业绩效评估与规制效果分析时，基本以经济性规制研究为主，对社会性规制的关注与研究尤其是定量研究有所忽视。本书对规制政策效果的研究进行了拓展，将与供水水质相关的环境规制也纳入研究内容中，对环境规制绩效进行了实证检验。

第二，研究方法的些许创新。本书研究在方法论上参考了其他学者的研究成果，借鉴并使用了较为成熟且行之有效的主流研究方法。在此基础上，结合本书研究的具体情况，在研究方法上做了适当改进与些许创新。首先，在评估民营化供水企业综合绩效时，对供水企业按民营化程度的高低进行了甄别与细化分类，为精准解释和揭示供水企业绩效的差异提供了新的方法。其次，在深度测评城市供水企业民营化程度对绩效的影响时，采用了上市供水企业的面板数据构建双向固定效应模型，即从个体和时间两个维度出发，挖掘模型中存在的潜在信息，并且从总指标和分指标两个层面分别考察核心变量民营化对供水企业的绩效影响。再次，在借鉴肖兴志、韩超的规制效果评价模型的同时，对被解释变量做了新的设定，采用了上市供水企业的净资产收益率和供水成本作为被解释变量，对解释变量也做了修正与重新定义。最后，在借鉴郭蕾、肖有智的模型基础上，以水价作为价格规制的代理变量，相较于现有文献中的价格规制的代理变量，能更好地满足外生性要求，较好地探讨了价格规制对民营化供水企业绩效的影响。

第三，政策建议的一定创新。在结合本书前期研究结论的基础上，就我国城市供水规制改革提出了政策建议，政策主张具有较强的系统性、务实性与一定的创新性。城市供水规制改革比较复杂，是一项系统工程，需要整体解决方案。在政策建议部分，对城市供水规制改革目标进行了分级排序，提出了规制改革的首要目标是满足城市供水需求，提高供水效率是规制改革的核心目标，保证供水水质质量是规制改革的底线目标。并在规制改革目标引领下，提出了完善规制法理依据，建立独立的规制机构，进一步放宽进入规制，实施基于差别条件的差异化价格规制，完善竞争性特许经营制度，积极推广标尺竞争，强化自来水供水质量规制等政策主张，体现了政策建议的系统性。另外，所提出的政策建议既借鉴了国外供水规制改革的实践经验和国内学者、供水实务部门的观点，又结合了我国城市供水的现状与未来发展趋势，相对独立地提出了本书研究的政策主张，体现了政策建议的务实性。正是由于所提出的政策建议具有较强的系统性与务实性，因而与其他学者的观点"和而不同"，体现了一定的创新性，使得政策建议具有一定的参考价值。

1.6.2　主要不足

第一，作为研究对象的民营化供水样本量偏少。本书对部分民营供水企业进行了实地调查研究，但我国中小民营供水企业管理规范仍需进一步完善，数据不全而且不够翔实，难以采集理想的数据。部分大中型民营供水企业出于各种原因，提供数据的意愿不强。因此，虽然实地调研获得了许多感性认识和部分残缺数据，但作为研究样本还是存在明显欠缺。同时，本书研究具有明确的指向性，尽管主板上市的水务公司有40余家，但是有许多水务上市公司没有供水业务或者其供水业务占比过小，不适合作为研究样本，剔除这部分企业后，样本量再次缩小。虽然通过小样本所做出的研究结论与作者的经验认识基本吻合，但是由于样本量偏少使得研究结论的支持力度不够充分。比如，在研究我国上市供水企业政府规制效果的实证研究方面，因为样本数据偏少而放弃了进行稳健性检验。

第二，在研究方法方面尚未取得明显突破。本书主要采取较为成熟的主流研究方法，尽管在其他学者的研究基础上做了些许创新，但是仍属于小修小补，并没有在研究方法上取得明显突破。这样做虽然风险较小，能够在较大程度上保证研究的准确性，但是在一定程度上会影响研究的理论贡献。

第 2 章
国内外理论研究综述

关于城市民营化供水企业的绩效、影响因素及其相关规制的研究，最早开始于20世纪60年代，我国对于该方面的研究较晚，开始于20世纪90年代。学术界的部分实证研究成果是在行业数据的基础上进行的宏观分析，更多的研究成果是基于水务产业的特征展开的逻辑推演。

2.1　城市水务民营化的效率问题研究

在民营化能否影响企业效率方面，国外学者Douglas Morgan（1977）、Crain和Zradkoohi（1978）在成本函数的基础上证明民营化对于企业的成本效率有积极作用。在民营供水企业的民营化是否能影响效率方面，Meggison、Nash和Randendorgh（1996）通过对经合组织（OECD）成员的水务企业进行研究，得到的结果是积极的。Frydman、Gray和Hessel等（1999）分析了经济转轨这一特定阶段的民营供水企业的效率，得出投资主体是民营供水企业绩效的主要影响因素。简而言之，民营供水企业能否提高绩效关键在于所有权的分配，内部管理人员与外部投资人所有权的多少对绩效有绝对的影响。Weizsäcker、Young和Finger（2014）将水务民营化的案例取样分为两类，一类来自发达国家，如英国、法国等；另一类来自发展中国家，如玻利维亚等，其研究发现需要满足以下几个条件，民营化才有可能提高企业的绩效：第一，民营化企业提供合适的激励制度，兼顾公平与效率。第二，基于不同的情况选择和设置不同的民营化方式。第三，民营化必须伴随配套完整的管制与合同条款。否则，民营化不但不能提高服务质量和经营效率，还会导致一系列问题的发生。See（2015）分析了主要供水企业的研究技术效率与各因素间的关系，以东南亚 40 个供水企业为研究对象，通过分析企业的人口密度、人均国内生产总值、使用流失情况、平均温度、企业国有占比高低、地下水的使用情况等各种指标，得出该地区平均技术效率维持在 0.74，人口密度与供水企业效率负相关，民营企业效率更高。

对于民营化是否提高企业效率，国内学者从不同角度进行了研究。宋献中和罗晓林（2003）对国内城市民营供水企业的财务指标进行了统计分析，研究发现民营供水企业的绩效较优。胡一帆（2006）通过分析水务企业民营化的效果得出高度民营化企业的绩效更突出，主要体现在民营化企业能有效增加利润。张昕竹（2008）通过对城市公共交通行业的分析得出民营化的程度会影响行业竞争的状态，进而影响企业的生产效率。

此外，一些国内与国外学者对民营供水企业效率提高持否定态度，Vuurde、Ruissen 和 Vruggink（1987）基于成本函数的研究方法得出国有企业的效率高于民营企业。Bhattacharyya 等（1994）通过分析企业所有权和生产效率的关系，发现相对国有企业，民营企业不但在总体效率上没有表现出明显的优势，而且在技术效率上，国有企业表现更为突出。Saal 和 Parker（2001）通过分析仅能证明民营化对利润有积极的影响，但对生产效率的影响是相对的。国内学者王芬和王俊豪（2011）以我国企业作为样本进行城市水务民营化与效率关系的实证研究，分析结果无法证明民营化对生产效率和普遍服务水平有相关关系，但证明民营化对增加城市水务产业供水总量和利润有积极的影响。

对于民营化供水企业绩效评价方面，Thanassoulis（2000）通过数据包络分析方法来研究供水企业的经营效果。其研究以英国的供水企业为样本，发现数据包络分析法可以有效地评估企业绩效，也可以推广至其他公用事业企业。Lin和Storbeck（2003）同样选取了英国的供水企业为研究样本建立绩效模型，但相较于既往研究，其模型将供水企业绩效分为财务和质量两个方面，同时将股东和消费者作为重要的利益相关方纳入分析之中，拓宽了研究的思路。Chauzy、Graja和Gerardin等（2005）以巴西供水企业为样本，收集了公司的财务数据，并通过发放问卷对不足的数据进行补充，最后采用了因子分析和回归的方法对收集的数据进行了实证研究，结论是供水企业的绩效与公司的资源存在显著相关性，且决定性因素是环境资源，但绩效不受员工素质的影响。Hassanein和Khalifa（2007）将污水处理公司也纳入供水企业绩效的研究中，并且样本取自发展中国家而非发达国家，运用的评价指标主要是财务指标，其研究发现民营供水企业的绩效更好，民营化可以有效地增加公用事业的财务质量和供给服务质量。Pointon和Matthews（2016）引用数据包络分析法研究英格兰和威尔士的供水企业，发现供水企业的效率低主要受跨时期的准固定资产投资不足的影响，该学者在分析时引入了时间t变量，效率值处于动态状态，使得所有的输入变量可以调整至最优规模。部分学者采用随机前沿模型（SFA）研究民营供水企业的效率。Ferro、Lentini和Mercadier等（2014）运用SFA模型对巴西127家供水企业2003—2010年的数据进行分析，得出企业效率适中，且每年以4.9%的速度提升。Buafua（2015）以撒哈拉以南的非洲国家为研究主体，研究私营部门的参与、经济管制及综合作用对技术效率的影响，发现合同管制的供水企业的技术效率高于管制机构的管制效率，管理过程中私营部门的参与对技术效率的提高有积极影响。Ferro、Mercadier（2016）以智利 18 家供水企业和污水处理企业为样本对象，使用随机前沿分析计算输入距离函数，确定了供应商及其驱动因素的比较技术效率。其研究表明水务产出中，劳动力因素只占产出的 4%，产出严重依赖资本投入，行业整体处于规模报酬递增阶段。2005—2013 年，技术效率与时间回归效果不显著，但可以观察到多年来技术效率的降低。

国内学者近年对民营供水企业绩效评价的研究取得了一定的成果。周令、张金松、刘茜（2006）通过研究世界银行绩效系统的结构与影响因素，构建适合于我国实际情况的适用于供水企业的绩效评价系统。潘文堂等（2007）从组织结构及指标设计的原则、内容、权重等不同的因素出发构建城市水务绩效评估指标体系，但该研究的不足在于缺乏实际数据，以及未进行绩效评估工作。励效杰（2007）采取数据包络分析法对我国不同省份的供水企业 2004 年的生产效率进行评估，引入超效率 DEA 模型对比分析了有效率的供水企业的具体特征。李智、狄剑英、孙笑微（2009）在平衡计分卡的基础上建立基于供水企业生产能力、生产效率和财务状况三个方面的供水企业绩效评价体系。谭雪、曹艳秋、石磊等（2013）在上市供水企业数据的基础上，运用 DEA 分析方法，对沈阳国有水务集团进行相对效率分析，得出上市供水企业的效率相对更高。廖文华、解建仓、王玲等（2013）在私人资本进入城市供水行业对其效率进行实证分析的基础上，得出私人资本进入供水行业显著地降低了供水行业成本的结论，但对东部城市供水行业成本降低并不显著。

2.2 城市水务民营化绩效的影响因素研究

城市水务民营化绩效影响因素的研究当前主要集中于民营化、竞争、规制等方面。Boardma 和 Vining（1989），Vickers 和 Yarrow（1991），Boyko、Shleifer 和 Vishny 等（1996），Shleifer（1998），Oleh Havrylyshyn 和 Donal McGettigan（2000），Djankov 和 Murrell（2002），Shirley 和 Patrick Walsh（2000）等通过研究得出城市民营供水企业绩效的影响因素主要是以下四个方面：①水务市场的开放程度，开放的水务市场能够促进竞争，进而有利于供水企业绩效的提升；②供水企业在产业链中与上下游企业讨价还价的能力；③供水企业的投资主体是单一还是多元化；④金融市场和资金的影响程度。Laffont 和 Tirole（1991）从信息的角度研究供水企业乃至所有公用事业企业的民营化，发现产权安排的改变影响了企业的信息结构，经过了民营化的企业通过信息租金实现企业效益的增长。Walsh 和 Newbery（1999）研究得出从事公用事业的企业，产权安排不是直接影响企业绩效的因素，真正决定企业绩效的是规制质量。在国内的研究中，陈富良（2000）研究得出自然垄断产业的企业绩效相较于其他企业更高的原因在于竞争，而不是私有化。Romano、Guerrini（2011）通过分析43个意大利供水企业的财务报表，研究供水企业的成本效率，研究结果显示股权结构、企业规模和地理位置对于供水企业的生产效率有一定的影响。

Mbuvi、Witte 和 Perelman（2012）以人均国内生产总值、水务网络的密集程度、独立监管程度、绩效合同的使用情况作为供水企业效率的影响因素，研究结果表明非洲地区的供水企业效率低下，多种影响因素中仅有人均国内生产总值对技术效率有明显的积极影响。

对于我国民营供水企业绩效影响因素的探索，纪宣明和陈似海（2004）对我国包含水务行业在内的公用事业类共 55 个上市公司的绩效采取因子分析和聚类分析的方法进行实证分析，研究发现公用事业类上市公司绩效并无统一的高低，改善法制、监管等外部因素对企业的绩效不能产生绝对的影响，企业应改变内部因素实现绩效的整体提升，如现代企业制度建设、公司治理结构、内部经营制度与技术创新等。励效杰（2007）通过分析环境因素对我国供水企业效率的影响发现资产负债率、当地的市场化水平和水资源的人均占有量等因素对供水企业的绩效有重要的影响。王俊豪等（2011）在我国水务产业的研究基础上构建民营化供水企业的绩效评价指标体系，实证分析得出民营化程度对我国水务产业绩效有重要的影响。高大鹏（2011）通过研究行业壁垒、产权、水价倒挂、经营模式、行业管制等因素对民营供水企业绩效的影响，得出以上因素对绩效有一定的影响，但未做实证研究。陈明和周萌萌（2014）通过分析 5 家民营化供水企业，在数据包络分析模型的基础上，研究得出经营发展水平、地域经营范围对供水企业的绩效有正向相关关系，供水企业效率与总资产、员工人数、主营业务成本有关。陈明和曾霖（2016）以 16 家水务上市公司为例，对民营化程度不同的水务企业进行了比较研究，发现民营化并非水务企业绩效水平的决定性因素。

2.3　城市水务民营化相关的规制研究

2.3.1　规制相关理论研究

规制（Regulation）一词源于西方，规制的内涵并没有统一的定义，并随着经济社会的发展而不断被修正。植草益（1992）认为，政府为了应对市场失灵，根据法律规定来限制经济主体的行为模式。Spulber（1999）认为规制是一种特殊的政府行为，规制机构通过制定决策来影响消费者和企业的行为，或者是一种直接干预市场的机制。Viscusi（2005）认为规制是政府对组织或个人行为的自由决策所做的强制性限制手段。

国内学者也对规制理论做了具体的研究。王俊豪（2001）认为，所谓的政府规制就是政府向全社会提供一种特殊的商品。唐浩文（2010）认为，规制是政府行政机构为了应对市场失灵而对市场采取的一种干预手段。在国家的干预下，微观企业会修正其行为方式，以此来增进社会福利。孙刚（2005）认为，规制更应该被视为一种惩罚手段，当经济主体的行为越过了限制，便会受到相应的处罚。王俊豪（2010）通过区分行业类别来对公用事业进行分析。他指出可以根据公用事业的不同生产环节的特征来进行分析，如将水务产业链划分为水的生产、水的输送和污水处理等环节，并对每个环节进行具体规制的分析。肖兴志（2003）认为，政府规制既不能只注重于产权改革，也不能只注重于竞争改革，需要将产权改革与竞争改革有机地结合起来。

2.3.2 规制效果评价的理论研究

国外对包括城市供水行业在内的水务行业规制效果的研究，多注重于考察规制政策对水务行业效率的影响。Cecile Aubert 和 Arnaud Reynaud（2005）采用面板数据的分析方法，实证研究了威斯康星州城市水务的规制效果，认为规制政策能够解决绝大部分的水务行业效率问题。Saal 和 Parker（2001）对民营化后的英国供水行业的效率和规制效果进行分析，结果表明水务企业民营化后并没有显示出成本递减的现象，而经济性规制促进了水务产业效率的提高。Margari、Erbetta 等（2007）使用数据包络法和随机前沿分析法评估了价格上限收紧对英格兰、威尔士的水和污水处理公司效率的影响。研究发现价格上限收紧的监管制定有助于从技术和配置角度使投入更接近成本最小化。Asquer（2014）对过去 15 年意大利水务行业的规制改革进行分析，结果表明这些改革提高了行业内的竞争压力，但规制改革对水务行业结构和绩效的影响并没有带来预期的改善。Maziotis、Saal 等（2016）采用面板指数法衡量了在有限样本量的情况下，不同公司和不同时期的生产率变化，并对英国水务公司 WASCS 生产率的增长进行推导，结果表明，在 2000 年后，当监管机构进行更严格的审查时，生产率显著提高了。

我国对包括城市供水在内的水务行业规制效果评价的文献相对较少。石龙（2008）研究了城市水务行业的进入、价格、环境和质量规制的效果，认为需要进一步改革与完善水务产业的政府规制体制，尤其是需要进行激励性价格规制体制和放松进入规制体制改革。肖兴志、韩超（2011）利用了2000—2009年省际水务产业的面板数据，研究了政府规制的效果。结果显示城市水务产业规制改革的效果并不理想，只有微弱的证据表明规制改革促进了城市水务产业的总量发展，而收益率规制导致严重的A-J效应，具有明显的"两难困境"，即以损害效率为代价促进城市水务总量的发展。王晓兵（2011）认为规制绩效应该从效率和效果两个方面进行考察，其中效果是指规制政策下实现的结果与既定目标的偏离程度；效率体现在规制成本有效性和规制效率性——规制是否实现了社会边际收益和社会边际成本的均衡，并且从规制效率和规制效果两个视角构建了评价我国环境规制绩效的指标体系。苏晓红（2012）利用了水务行业1992—2009年的时间序列数据，并使用VAR脉冲响应函数，对水务行业政府规制效果进行评价，研究结果表明收益率价格规制与放松进入规制对城市供水行业有显著的影响，规制政策促进了城市供水量的增长，但这种作用在长期是逐渐减弱的。梁树广等（2013）认为研究规制效果，就是考察规制目标的实现程度，并且他从价格、总量、利润和效率四个方面构建了评价规制效果的指标体系，以规制目标的实现程度刻画监管绩效，可以得出可量化的相对绩效。郭蕾、肖有智（2016）基于公共福利提升的视角，利用中国2004—2012年的省际动态面板数据和Logit模型考察了我国政府规制改革的效果。结果表明，以价格规制和进入规制为代表的中国政府规制改革对公共福利指标没有达到预期的作用，以及推动城市水务产业回归公益性价值没有达到预期目标。

2.3.3 规制改革的理论研究

国外学者对规制改革的研究主要集中于市场失灵问题。Stigler（1962）分析了规制的必要性问题，他认为只要市场不存在进入壁垒，就不需要对市场结构进行改革，并且认为行业集中度高和大企业的出现，是企业自我管理能力强和生产效率高的表现。Furlong（2012）提出由于存在市场失灵的问题，引起了政府规制的需要，政府规制正是为了满足社会公平需求而做出的无代价和高效的反应。另外，近些年来，大量研究规制改革的外文著作被翻译成中文，如 Baumol 和 Oates（1988）的《环境经济理论与政策设计》、Alfred Kahn（1998）的《规制经济学》、Daniel Spulber（1999）的《管制与市场》。这些著作深入分析了政府规制存在的必要性，以及政府规制的法律基础和规制决策过程，为政府对自然垄断产业和公用事业产业进行规制实践提供了宝贵的理论基础。一些国外学者也对水务产业的规制实践进行了深入的分析，如 Guérin-Schneider（2012）对法国水务部门进行了分析，他认为一系列国家规范改革和地方探索性改革的结合带来了监管体制的改革，且比以前的监管模式更有效、更稳定和更符合利益相关者的期望。Asquer（2018）对意大利水务监管改革进行了分析，发现取消了收益率价格规制后，通过采用价格上限规制和进一步放松进入规制，显著提高了水务产业的业绩。

国内学者对规制改革问题也做了大量的研究。王俊豪（1999）深入分析了规制改革的必要性，认为政府规制改革的关键是实现政企分离，要注意发挥市场在资源配置中的主体作用，规制改革就是在保证行业规模经济的同时引入竞争机制。陈富良（2001）认为，在我国的经济转轨期，政府应当采取有松有紧的规制政策。要及时解决市场中出现的新问题，及时完善规制政策的缺失。同时，规制改革要做到规制有据，规制有度，执行有力，裁决有方。余晖（2002）认为，政府规制困难重重，任重而道远。目前，我国所建立的规制改革模式，效果还不够理想，政府需要对规制方式进行深入改革。肖兴志（2002）分析了自然垄断产业的规制改革方式，并梳理和归纳了规制模式的理论基础。陈明（2004）深入分析了城市水务民营化进程中出现的"民营化和规制的两难境地"。于良春和王志芳（2005）对我国城市水务产业的经济性规制效果进行了评价，认为应当通过引入竞争来提高企业的效率。王林生、张汉林（2006）介绍了经合组织成员的规制改革模式，并对成员的规制改革进行了实证分析。吴志军（2012）通过对规制定价方法进行综述，分析我国水价规制的现状和存在的问题，并提出水价政府规制改革的政策建议，包括完善全成本覆盖的价格体系，完善听证会制度，完善污水处理费征收的制度，推行阶梯式水价制度，实行按质索取水价的政策，按地区、季节收取差别水价等。黄建伟（2013）认为产业组织自然垄断的性质是不断变化的，当产业的自然垄断性质有所弱化，变为竞争产业的特征时，经济性规制就可以放松或退出，且不存在完美的规制定价方式。引入激励机制方式，可以在一定程度上弥补传统规制方式的疏漏。但是如果某些具有自然垄断特征的业务或者其某些业务的经济技术特征发生改变，那么相应的规制方式也应该被调整或放松。而技术进步等因素，使产业自然垄断程度在弱化，与此相对应的是规制需要放松。陈富良、黄金刚（2015）结合新公共服务理论"重视公民权、强调公共利益"的理念，认为我国水务规制改革的范式应从公私合作演进到新公共服务，即把公共利益视为水务规制改革的最高准则，将中介机构与公众纳入规制主体，对规制机构进行再规制，建立有效的规制法律体系，在规制方式上引入对话与协商。

2.4 现有研究的局限

通过对国内外研究的梳理可以发现，当前学者对于公用事业民营化的研究主要从宏观的角度出发，微观视角上的研究相对缺乏，组织绩效和影响因素的研究仍处在探索研究阶段，特别是结合我国国情的研究较为缺乏，民营化企业绩效影响因素的研究中定性理论推演比定量研究更为普遍。

在规制改革方面，国内相关文献对规制改革的方向、规制改革的必要性、规制改革的模式和国外规制改革的经验等进行了介绍梳理，但大多都是基于理论层面的探讨阐释，鲜有从实证角度出发得出的结论。本书试图从城市供水企业入手，选取在主板上市的供水企业，对 2008—2017 年的数据进行实证分析，以期探索政府规制效果对这些企业利润率和效率的直接影响。通过构建模型，在研究规制政策对民营化供水企业绩效影响的基础上，对政府的规制改革提出具有针对性的意见和较高参考价值的政策建议。

第3章

我国城市水务行业发展历程与供水特点分析

城市化的不断推进离不开水资源，水与人民生活息息相关，水务行业在国民经济中意义重大，是支撑和保障我国社会不断进步、推进我国经济不断发展的动力。我国的淡水资源虽居世界第6位，但实际人均占有量仅为世界人均的1/4，居世界第88位。我国是水资源使用的大国，加之水资源地区分布情况和年内、年际分布不均衡等问题，水资源的缺乏及其供求危机已成为影响经济可持续发展的重要因素。工业企业、生活用水等对水资源的污染在降低水体的使用功能的同时，也加剧了水资源短缺的矛盾。国家如何对水资源进行优化配置，如何提高水资源的使用效率是亟待解决的问题。在现实需求和改革浪潮的冲击下，城市供水企业正在从水务一体化管理、水务融资体制、民营化经营模式及市场竞争改革多个方面稳步展开。

3.1　水务行业发展历程

改革开放以来，中国经济持续快速发展，随着城市化进程的加快，我国城市供水能力快速提高。1978年，中国城市供水能力为2530.4万立方米/日，供水管道长度为35984千米，供水总量为787507万立方米，城市供水人口为6267.1万人，自来水普及率为81.6%。截至2016年年末，中国城市供水能力为3.03亿立方米/日，比上年增长2.2%；拥有城市供水管网75.7万千米，比上年增长6.5%；供水总量为5806911万立方米，城市供水人口为46958.4万人，自来水普及率为98.42%。目前，我国城市供水行业仍然处于稳步增长阶段，不过增长速度有所放缓。

作为市政公用事业，城市供水行业长期处于行政垄断状态，多数供水企业处在"低水价+亏损+财政补贴"的状态中,供水行业发展存在缺乏市场活力、冗员较为普遍、生产效率较低、供水质量与发达国家仍有差距等情况。自20世纪80年代以来,以英国为代表的一些发达国家将包括城市供水企业在内的水务行业私有化,供水行业已从传统的福利和公共福利部门转变为具有合理商业盈利的工业部门。根据发达国家水务行业发展的经验,在各地区政府的积极推动下,有效开展了中国水务行业市场化改革。特别是自2002年以来,中国水务行业的市场化、民营化改革逐步加快。不少企业进行了产权制度改革的探索。国家政策明确允许外国资本和民营资本进入水务行业,部分城市的供水行业在不同程度上实现了投资主体的多元化。部分供水企业的市场化运作显著提高,企业的运营效率也有所提高。民营化、市场化改革在一定程度上刺激了中国城市供水行业的发展,使中国城市供水行业在某种程度上改变了严重依赖政府补贴的经营模式。

　　由于正常水价调整机制仍需完善,也可以说是中国城市供水的价格规制仍需进行深度改革,中国城市水价长期偏低,对供水企业运营发展、水资源保护、居民节水意识等多方面的激励影响不足。近年来,尽管初步建立了城市水价调整机制,许多城市的水价上涨,明显减少了供水企业的亏损,甚至有的供水企业还能够取得一定盈利,但目前的水价只能基本覆盖制水和供水的直接成本,对供水管网的维修成本、水源保护成本、污水处理的管网维修成本等尚没有完全覆盖。或者说,目前城市供水的所谓"盈利"企业很大程度上是"纸面盈利",城市水价规制的深层次矛盾尚未得到根本解决。当然,随着我国经济的持续发展与转型,城市人口的不断增长,我国城市经济实力的不断上升，城市政府治理能力与规制能力的不断增强，以及人民对美好生活的向往，我国城市的基础设施将不断获得改善，我国城市供水规模将稳步上升。从近年我国城市供水行业领域改革来看，许多地方城市推出了阶梯式水价改革、供水企业混合所有制改革等措施，城市供水行业的进入规制改革、供水价格规制改革、供水质量规制改革将不断完善，一些有实力的大型水务集团到处"跑马圈地"，中国城市供水行业的市场化、集约化程度将不断加深，中国城市供水企业的运营效率将有明显改善，城市居民生活用水水质将进一步得到保障甚至有所提高。总之，我国城市供水行业将迎来发展的新阶段。

3.2 水务行业的界定

3.2.1 水务产业链分析

一般意义上的水务行业主要包括原水生产、自来水生产与供应、污水处理、海水淡化等子行业，这些价值环节构成了狭义的水务产业链，如图 3-1 所示。

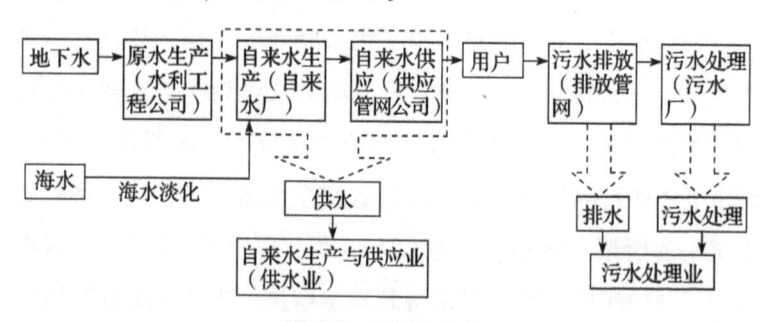

图 3-1 水务产业链

3.2.2 水务行业生命周期

从市场发展空间业务与行业增长速度来看，我国城市供水行业已经初步进入成熟阶段，我国城市污水处理行业进入了快速成长期；再生水生产与利用业务尚处于萌芽导入期，发展前景可观，如图3-2所示。

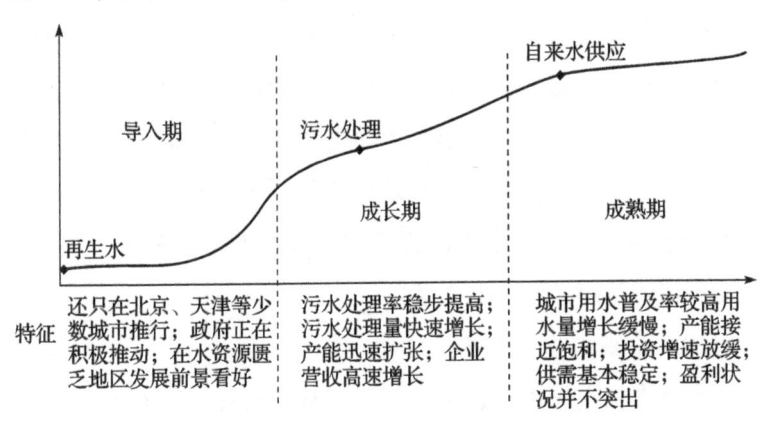

图 3-2 水务行业生命周期

资料来源：中投顾问产业研究中心《2016—2020年中国污水处理行业投资分析及前景预测报告》，2015年。

3.3 供水行业基本特征

从水务行业的发展历程及供水企业运营特点来看，水务行业及供水企业具有以下四个基本特征。

（1）供水行业垄断性强。

城市供水行业的垄断性主要来自以下三个方面。首先，城市供水具有自然垄断性。从供水行业的生产运营特点来看，从水源地到自来水厂再到用户的水网管道，不可能在同一区域铺设两条或两条以上的管道，同时也不可能由两家或两家以上的企业运营，否则会造成投资的巨大浪费及企业的低效甚至是无效运营，这就是城市供水行业天然存在的成本劣加性。其次，城市供水具有地域垄断性。自来水管网不可能像电力管网、光纤通信、铁路、航空等网络设施在全国铺设，其产品——自来水、副产品——污水也不可能像电力那样在全国流通。城市供水行业与供水企业必然受地域的局限和制约，在某个城市的地域范围内运营并形成垄断经营。最后，城市供水具有行政垄断性。我国城市供水设施主要是由政府出资兴建，即便目前有外资与民营资本进入，也需要当地政府的许可。城市供水价格必须经过政府的许可，才能合法确定。当供水企业发生亏损时，也主要依赖政府补贴以维持运营。

(2) 自来水的刚性需求。

自来水是人民生活、生产不可或缺的资源。随着中国城市化的进程加快，城市人口的不断增长也意味着自来水需求量的不断增长。同时，随着我国经济结构发生转型，第一、第二、第三产业的结构调整，城市居民生活用水的比例也不断提高。另外，由于城市居民收入的增长，用水消费的约束减小，对采用高耗水设备的敏感性降低。这些因素，都导致自来水需求的刚性增长。不仅如此，自来水的刚性需求还体现在城市居民对自来水水质的关注增强，对自来水水质变化更加敏感。

(3) 普遍服务性。

自来水究其产品性质而言，具有双重属性。一方面，具有商品属性，它是可以用来交易的劳动产品；另一方面，具有公告品属性，这是因为自来水无论对于人民生产还是生活都是不可或缺的产品。从这个意义上讲，自来水对任何人、任何组织而言，必须具有普遍服务性，即城市供水企业必须向所有人提供无价格差异、无地域差异、无质量差异且在经济上能够承受、基本需求得到满足的自来水。目前，从普遍服务的要求角度上而言，我国大城市的供水企业执行较好，中小城市的供水企业执行方面还存在一定的差距。

（4）供水企业经营效率较低。

我国供水企业以国有或国有控股企业为主，由于供水行业的垄断性，供水企业大多在国有垄断的体制下运营，其运营效率较为低下。第一个突出的表现就是企业冗员繁多，其中中小供水企业尤甚。这是因为供水企业员工收入基本处于当地城市的中等水平且非常稳定，工作负荷相对不大，就业吸引力总体相对较强。加之供水企业的国有垄断性质，不能够做到实现自负盈亏，企业在用工方面缺乏"硬约束"。所以，供水企业通常冗员情况较为繁多，并导致供水企业劳动生产率较低。第二个突出的表现是供水企业自来水漏损率较高。由于管网设施初始投入不足、技术改造资金不足、技术水平较低等原因，中国城市供水企业自来水漏损率通常在20%左右。第三个突出的表现是我国自来水水质与发达国家存在一定的差距。由于水源地保护、资金投入、自来水水质标准等方面的问题，我国自来水水质仍需加强。上述问题表明我国城市供水企业运营效率较低。

3.4 我国城市供水行业发展趋势

随着国民经济的快速发展与经济结构的转型升级，中国城市供水行业既面临着宝贵的发展机遇，也面临着一定的挑战。在今后一个相当长的时期，中国城市供水行业可能呈现以下四个重要发展趋势。

（1）城市供水行业规模稳步增长。

城市人口的数量是供水行业规模的决定性因素。随着中国城市化的稳步展开，预计从2016年58%的城市人口比例达到2050年80%左右的中国城市人口比例后步入基本稳定阶段。在城市化进程中，城市供水行业规模也自然随之增长。不仅如此，我国部分城市供水管道材质较差且年久失修，自来水管网漏损率较高，城市供水管网设施急需改造。这也意味着今后一个时期，城市供水行业投资空间很大。此外，城市居民人均收入的提高也使得其用水意愿增强，这也是城市供水行业规模增长的因素之一。

（2）城市供水行业市场竞争加剧。

我国城市供水行业将进一步放宽进入机制，引入市场竞争机制。这是国家政策的放开，地方政府也有动力与压力开放供水行业市场。由于城市供水投资需求巨大，地方财政压力普遍较大，加之城市供水企业在地方行政垄断保护下，运营效率较低。政府不仅有"打破垄断、提升效率"的压力，而且更有"引入竞争、甩掉包袱"的动力以缓解财政紧张的局面。所以，各地政府对于城市供水行业的进入规制持放松态度，"在位"的本地供水企业如果运营不佳就可能"让位"，对供水行业投资的PPP、BOT、TOT等模式持欢迎态度。可以预计，通过特许经营的方式，我国城市供水行业会出现大量的大型供水企业兼并重组中小型供水企业的"以大吃小"的状况，还有大型供水企业间的"强强对话"的局面。同时，城市供水行业市场主体多元化程度加深，民营化程度将进一步深化，国有供水企业、外资供水企业、国内民资供水企业间的竞争会进一步加大。我国城市供水行业营业收入百亿元规模的企业将成批出现，供水行业市场集中度将显著提高，市场竞争将明显加剧。当然，这一切取决于城市供水行业的进入规制改革。

（3）城市供水行业价格规制改革逐步深化。

价格规制是影响城市供水行业发展的重要因素。长期以来，我国自来水价格偏低，只能覆盖中端成本——制水与输送成本，对于前端成本——引水与水源地保护工程成本、后端成本——污水处理成本，未能实现有效覆盖。城市供水企业负重前行，不少企业处于亏损状态，根本无力投入技术改造，基本处于维持运营的状态。近年来，水价虽然有所提升，城市供水企业经营形势有所好转。但是，2016年全国1620家规模以上供水企业仍有364家亏损，亏损面约22.5%。如果考虑中小城市供水企业，亏损面更大。另外，城市供水行业经营困难对于城市居民用水保障特别是水质保障也是相对不利的。同时，我国城市供水行业现行的收益率规制仍存在弊端，深化城市供水行业价格规制改革势在必行。供水行业价格规制未来可能有如下变化：第一，价格水平继续上升且呈现相对固定的时间间隔节奏，进一步覆盖供水成本。第二，收益率规制逐步向激励性规制演进，刺激企业提高效率。第三，水价调整程序更加严谨，供水成本更加透明。

（4）城市供水行业质量规制改革逐渐到位。

过去，无论是城市居民还是供水企业对于自来水水质的关注不够强烈与主动，主要满足于用水量的基本保障。今后，城市供水行业质量规制改革将会强化并逐步到位。究其原因：其一，城市居民对自来水水质更加关注，提出了较为强烈的诉求。随着中国经济发展与城市居民收入的提高，随着人们对美好生活的向往及健康意识的增强，对于自来水水质更加敏感，也更加愿意为水质提高付费。其二，国家出台了关于自来水水质的新标准。2006年，中华人民共和国卫生部联合中国国家标准化管理委员会，比照欧盟自来水水质标准并结合中国实际，颁布了《生活饮用水卫生标准》（GB 5749—2006），新标准对于自来水水质检测指标由过去的35个增加到106个。其三，各级政府强化了对自来水水源地的保护力度，如各地出台"河长制""湖长制"等，对于非法排污企业的打击与惩罚力度明显加大。其四，随着供水价格水平的调整与企业技术进步，供水企业也更有能力提升水质。总之，随着城市供水质量规制的逐步强化，供水企业必须能够应对水质提升的挑战，否则就难以在激烈的市场竞争中立足。

第 4 章

我国城市民营化供水企业绩效评价研究

水务行业是一个其产品既能用来满足其他企业或事业单位的生产需求，又能满足普通大众居民的生活需求的行业。它具有以下两个主要的特征：①自然垄断性。供水企业因为专业资产投资大、回收期长、成本劣加性和网络经济性等原因，属于明显的自然垄断行业，即在一个城市、地区的供水区域内，仅有单一的供水企业，减少竞争带来的成本，通过低成本为市场提供所需要的用水服务。②公用事业性。其是指水务行业因为地域性、市场化程度低、产品准公共品性质、价格机制不灵活、政府和社会干预等原因，使其经营活动受社会公共利益影响，不具有完全的自主经营权。因此，在过去都是由地方政府来负责当地的水务业务。直到20世纪90年代，公司制改革的推进才改变了供水行业的经营主体，各地成立了国有的供水企业。随着经济的快速发展，工业化与城市化的大力推进，供水行业出现了巨大的需求缺口。在这样的形势下，民营资本进入水务市场成了解决问题的重要方法。首先，减轻政府财政压力。其次，绕开融资约束，解决供水不足问题。再次，引入先进技术和管理经验，促进竞争，提高供水行业经济效率。最后，促进普遍服务，增进公共福利。

经过多年的民营化改革，目前我国水务市场上已经存在一些完全民营化的供水企业，部分国有供水企业也完成了部分民营化，这些民营化供水企业绩效如何，如何用科学的评价方法对其绩效进行评价，是本章研究的主要内容。

4.1 基于 DEA 和 Malmquist 指数法的民营化供水企业绩效评价

4.1.1 基于 DEA 和 Malmquist 指数法的绩效评价方法与内容

(1) 绩效评价方法。

综合实际情况，全球的城市水务经营模式通常有完全民营、完全国有、民营与国有相结合三种，如当前法国的城市水务的经营模式是通过发放特许经营权的公私结合模式。20 世纪 90 年代至今，我国不断增加城市水务的民营化程度，从试点经营到目前民营化程度超过 15%。我国已经告别了水务垄断经营的时代，民营化将成为经营发展过程中必然选择的方向。

通过对企业的民营化程度进行分类，采取固定绩效评价方法对 9 家上市民营化供水企业的经营成果进行评价，在 DEA 方法和 Malmquist 指数法的基础上评价民营化供水企业的经营效率。

(2) 绩效评价内容。

选取样本时，充分考虑区域经济环境对当地供水企业绩效的影响，选取 9 家来自不同经济状况地区的具有一定代表性的民营化供水企业，如北京、广州、成都、南昌等，在分析民营化供水企业绩效的同时反映绩效与地区之间的相互关系。

样本选择 2010—2017 年作为研究的时间跨度，之所以选择这个时间跨度是因为考虑到 2010 年国务院考虑在"十二五"到来之际要求重启新一轮有时间表的国企民营化改革,这个时间段不仅有许多民营资本进入了国有供水企业,而且整个水务行业也对国有资产管理进行了调整,压缩了国有资产比例,这将给未来几年水务行业的民营化带来影响,如企业技术水平不断攀升等。

供水企业在不同时期的生产经营过程和经营特点是有差异的,其对企业的生产经营绩效产生直接的影响。供水企业在民营化的过程中由单一供水业务不断发展成为多元化经营,全面、客观地分析民营化供水企业的绩效,从企业的经营基础(总资产、员工数)及经营过程中产生的成本与收益两方面对企业的经营绩效进行评价。

第一,企业生产经营的基础资源影响绩效。

不同的企业具备不同的经济资本与人力资源,资本与人力是企业生产经营的基础,因此选取总资本与员工数作为评价的两个指标。企业价值最大化是民营化企业在生产经营过程中的经营目标,通过有效的资源配置,寻求最优的资产组合,发挥企业资源的最大效用是企业的理想状态,如何有效配备资本,合理配置人力资源是评价企业绩效的基本影响因素。

首先,资源的有限性使企业在配置资本时要考虑投资的效率,将生产资料进行合理配置,发挥最大的效用,避免资源的浪费对民营化供水企业是尤为重要的。供水企业在生产过程中相较于企业其他资本的投资,最优的固定资产配置对于企业资源的配置起到关键的作用。

其次,人力资源的配置对民营化供水企业也是至关重要的。供水企业具有劳动密集型的经营特点,人力成本占企业承担的总成本的比重较大，人力资源的有效利用一方面能有效地控制成本；另一方面能增加劳动效率，为企业提供生产经营保障的同时推动企业实现多元化的生产经营。

第二，经营过程中产生的成本与收益的相互关系影响绩效。

企业生产经营过程中获得收益的高低，一方面取决于生产的主要产品收入，另一方面取决于生产成本的高低。作为民营化供水企业，成本的控制对企业绩效的分析尤为重要，其生产经营过程中产生的主要成本由内外两方面构成，内在受机器设备的折旧与使用效率，人力资源配置效率高低，生产过程中的质量检验与安全保障等影响，外在受宏观环境的变化，水资源需求的变化，市场竞争状况等影响。企业的综合收益受其销售量、价格、成本的影响，企业在保障提供及时、安全的水的同时还需要控制企业自身的生产成本。

4.1.2 基于 DEA 和 Malmquist 指数法的绩效评价分析

（1）问题提出。

随着我国经济的市场化改革，城市化进程日益加剧，人们的生活水平也有了极大的提高。城市化的进程与水务产业发展有密切的关系。一方面，高速的城市化进程使我国水务产业具有了广阔的发展空间；另一方面，城市化的推进也为我国的水务产业带来挑战。

改革开放带来了经济水平的不断提升，我国城市化的进程在不断地加深，城市人口及城镇范围的扩大为供水行业的发展带来了巨大的空间，同时人民生活质量的不断提升也为供水企业的产品质量与服务质量提出了更高的要求。改革开放前，我国的供水行业属于公共服务的范畴，由国家主导，各地方政府垄断经营，为人们提供免费的水资源。由于供水行业长期处于政府经营与管理的范围内，公共服务的特性使供水行为成为国家为人民提供社会公益性福利的一部分，其本身具有的经济属性被国家行为所取代。供水行业在高度集中的管理机制下，缺乏有效的竞争。随着市场化改革的不断深入，经济的快速发展，政企合一管理体制已成为供水行业发展的瓶颈。民营资本的进入能提升企业的竞争效率，为城市供水需要提供更高水平的产品与服务质量。国家在改革开放后逐步实现供水行业的机制变革，不断鼓励民营资本进入，避免企业生产效率低，服务质量不佳等问题。

早期，我国政府对水务产业的投资监管严格，水务民营化政策提出后，政府开始着重发掘选取水务产业投资主体，拓展了我国水务产业的资金来源，降低了民间资本进入水务产业的壁垒。尤其是在我国政府对水务产业实施放松的规制策略时，水务市场受到许多国外资本及国内民营资本的青睐，这种现象引起了我国学术界的兴趣，国内学者纷纷对我国公用事业民营化做出研究分析，最终许多学者普遍得出结论：我国实施民营化改革政策，在提高公用事业的企业效率上有正效应，能冲破垄断引入竞争机制。

从供水能力的现状分析，我国水务行业的产能仍处于起步的过程中，生产企业的综合生产效率需要进一步的提升才能达到市场的需求，但从我国供水企业的经营状况来分析，发现我国水务产业在供水上仍具有一些问题。在收集9家民营化供水企业数据的基础上，对公司生产经营绩效进行评价，分析民营化的程度与供水企业绩效之间的相互关系，对水务行业发展存在重要的意义。

(2) 目的。

绩效分析通常由绩能与效率两方面的内容构成。通常对效率的定义是：效率是衡量企业资源配置的能力，计算对象源自企业经营过程中的投入—产出因素。绩能通常指的是企业经营产品的能力，衡量的是生产产品与经营目标间的关系。在基于西方经济学研究结果上进行推广运用，把最大限度实现企业绩效作为最终目的，取代之前仅仅扩大企业经营的目的。要实现企业绩效最大化必须从两个方面考虑，一是在成本不变的前提下，绩效达到最大化；二是若绩效维持不变，则需要尽量降低成本，使成本实现最小化。

衡量企业经营绩效是否提高可以从以下三个方面做出判断：①企业是否有浪费资源的现象，资源是否得到合理的利用；②生产成本高或低，是否进行了有效生产和技术创新，产品的质量是否得到了提高；③是否具有良好的社会竞争力，与社会达成共赢、合作的状态。调查结果显示，企业在考核经营效率的同时能够全面掌握生产经营的现状，通过对绩效分析的结果进行研究，可以从中找出自身的劣势，重新分配企业的资源，改善未来的经营决策及方向。如今，企业经营绩效分析已不再只是一种理论方法，而是企业在受宏观、产业环境的影响下，做出企业生产经营决策的关键性依据，企业选择的绩效分析方法及工具，决定了企业分析结果的准确性。

(3) 样本选取及数据来源说明。

本书的研究对象是供水企业，这些样本公司在我国水务产业民营化中都极具代表性。为保证所选样本的绩效指标数据的真实有效性，样本民营化供水企业的选取基于沪深股市发行的 A 股的前提下，通过以下指标进行选择：①选择时不考虑存在缺失信息或者错误信息的企业，同时选取的企业在行业中存在一定的代表作用；②企业的上市时间达到一个会计年度或者超过一个会计年度；③选择时排除经营利润为负的企业。

另外，所选取的民营化供水企业其投入产出的指标数据均来自上市公司的年度报告。对个别不完整的数据，则通过证券交易所和中国证监会的官方网站查询后进行补充说明。对数据采取筛选的程序如下：①所选的数据均为供水企业的年度数据；②剔除变量所属为零及负属性的数据。数据都来源于上市公司披露的财务报告及相应的信息，部分补充资料来源于证券交易所及中国证监会。

相关数据通过以下过程进行筛选：①数据取自上市公司披露的年度财务报告；②除去变量为零值或负值的数据。

(4) 分析方法。

①DEA 分析法。

DEA 分析法全称数据包络分析法（Data Envelopment Analysis），其核心思想在于通过数学模型的构建对输入与输出的多个单位或者多个部门的相互关系及相对相率进行评价。该方法在近几年的研究领域中广泛运用于绩效的考核与评价，其核算出的效率结果是相对效率，使用者能够直观的判断不同单位间投入与产出的关系，即

$$C = \begin{bmatrix} C_1 \\ C_2 \\ C_3 \\ \cdots \\ C_n \end{bmatrix} = \begin{bmatrix} C_{11} & C_{12} & C_{13} & \cdots & C_{1m} \\ C_{21} & C_{22} & C_{23} & \cdots & C_{2m} \\ C_{31} & C_{32} & C_{33} & \cdots & C_{3m} \\ \cdots & \cdots & \cdots & \cdots & \cdots \\ C_{n1} & C_{n2} & C_{n3} & \cdots & C_{nm} \end{bmatrix}$$

将 5 个决策单位用 H、I、J、K、L 表示,每个决策单位由两个投入值与一个产出值构成。在 DEA 分析法中,有效的决策单位的效率值为 1,无效的效率值在 0~1 范围内。假设在 5 个决策单位中 J、K、L 3 个决策单位形成的曲线是有效的,则在曲线范围内单位属于无效的。从图 4-1 所示可知,图中虚线 0h 属于效率有效,虚线 hH 属于效率无效。

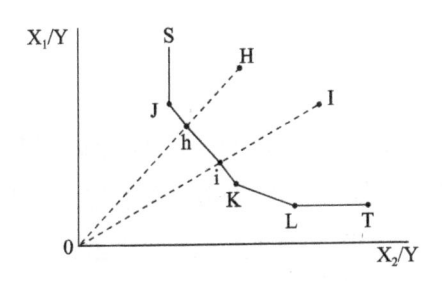

图 4-1 数据包络分析法原理

②Malmquist 指数分析法。

Malmquist 指数用于考察全要素生产率增长情况。我国城市民营化水务行业的 Malmquist 指数分析根据以下数学模型来定义。

$$x^t = (x_1^t, x_2^t, \cdots, x_n^t) \geq 0, \ x^t \text{ 为 t 期的投入项} \quad (4-1)$$

$$y^t = (y_1^t, y_2^t, \cdots, y_n^t) \geq 0, \ y^t \text{ 为 t 期的投入项} \quad (4-2)$$

期间为 t=1, 2, ⋯, T,因而我国城市供水企业第 t 期和第 t+1

期的 Malmquist 生产指数分别如式（4-3）、式（4-4）所示，而式（4-5）所示综合生产率指数便是它们的几何平均数。

$$M_t(x^t, y^t, x^{t+1}, y^{t+1}) = \frac{D^t(x^{t+1}, y^{t+1})}{D^t(x^t, y^t)} \quad (4-3)$$

$$M_{t+1}(x^t, y^t, x^{t+1}, y^{t+1}) = \frac{D^{t+1}(x^{t+1}, y^{t+1})}{D^{t+1}(x^t, y^t)} \quad (4-4)$$

$$M(x^t, y^t, x^{t+1}, y^{t+1}) = \left[\frac{D^t(x^{t+1}, y^{t+1})}{D^t(x^t, y^t)} \frac{D^{t+1}(x^{t+1}, y^{t+1})}{D^{t+1}(x^t, y^t)} \right]^{1/2} \quad (4-5)$$

Malmquist 指数可以分解为效率变动、技术效率变动和规模效率变动，其形式如式（4-6）所示。

$$M(x^t, y^t, x^{t+1}, y^{t+1}) = \left[\frac{D^t(x^{t+1}, y^{t+1})}{D^{t+1}(x^{t+1}, y^{t+1})} \frac{D^t(x^t, y^t)}{D^{t+1}(x^t, y^t)} \right]^{1/2} \times \frac{D^{t+1}(x^{t+1}, y^{t+1})}{D^{t+1}(x^t, y^t)} \quad (4-6)$$

根据式（4-6），用 M(*) 来表示 Malmquist 指数，若 M(*)>1，则说明企业的经营绩效相比基期有所提高；若 M(*)=1，则说明经营绩效不变；若 M(*)<1，则说明经营绩效有所下降。

（5）指标选取。

①投入指标。

第一，总资产。总资产指的是企业拥有或控制的全部资产，包括流动资产、长期投资、固定资产、无形及递延资产、其他长期资产、递延税项等，即为企业资产负债表的资产总计项。通常用总资产衡量企业的抗风险能力，如果企业所拥有的总资产数额较大，则表明该企业的经营较好，具备一定的抗风险能力；相反，如果企业所拥有的总资产数额较小，则反映企业的经营状况可能出现问题。

第二，主营业务成本。主营业务成本是指公司生产和销售与主营业务有关的产品或服务所必须投入的直接成本，主要包括原材料、人工成本（工资）和固定资产折旧等。主营业务成本指的是民营供水企业经营水资源所涉及的主要业务所产生的成本，不包括公司其他业务产生的成本，如房地产开发、股票投资等。

第三，员工人数。企业员工有多种类型，为便于核算，员工以在编的数量为准。

②产出指标。

第一，主营业务收入。以民营化供水企业为研究对象，该类公司的主营业务是供水，通过提供供水相关服务取得的收入减去公司其他业务产生的收入即为主营业务收入，其中其他业务包括房地产开发、股票投资、其他关联性交易等。主营业务收入反映供水企业的盈利能力。当公司主营业务收入数额较大时，表示公司在一定时间段内产生较好的经营效果，具备良好的经营能力。

第二，主营业务利润。城市民营供水企业的主营业务收入减去主营业务成本的差额即为公司提供主营业务的过程中产生的利润。计算结果若为正，则代表企业有利润产生，若为负数，则代表企业处于亏损状态。

(6) 产出投入相关性分析。

数据包络分析法的使用需要满足两个条件，首先选取的投入和产出指标间应存在线性关系，其次各变量间的关系应符合客观、同向和单调的特性。因此，为了避免造成实证研究分析结果无效，先对指标做线性分析，如表 4-1 所示。

表 4-1　上市民营化供水企业投入产出数据（2010—2017 年）

单位名称	年度	主营业务收入/百万元	主营业务利润/百万元	总资产/百万元	员工数/人	主营业务成本/百万元
国中水务	2010	137.89	61.231	879.78	678	76.65
	2011	294.9	134.55	1855.50	669	160.35
	2012	352.27	174.89	2057.26	893	177.38
	2013	584.74	272.92	3551.91	1113	311.82
	2014	719.93	359.64	3939.54	1328	360.29
	2015	448.03	148.41	4065.28	1052	299.63
	2016	350.26	115.35	4158.02	990	234.92
	2017	435.54	145.54	4598.64	1038	290
瀚蓝环境	2010	539.37	218.22	3191.64	590	321.15
	2011	602.37	242.28	3904.44	600	360.1
	2012	668.63	257.92	5164.06	1350	410.72
	2013	668.63	257.92	5788.40	1362	410.72
	2014	735.34	279.57	10979.85	2929	455.77
	2015	872.73	211.78	12359.28	3351	660.95
	2016	1020.34	252.7	13272.67	3827	767.64
	2017	1086.12	329.21	14112.69	4320	756.91
创业环保	2010	755.87	517.9	8425.56	1355	1327.78
	2011	1562.49	688.44	9085.32	1410	874.04
	2012	1780.79	937.6	10307.99	1433	843.19
	2013	1460.01	557.69	11073.75	1446	902.32
	2014	1527.05	618.16	10859.48	1430	908.89
	2015	1541.13	585.31	10049.30	1487	955.82
	2016	1617.75	641.74	10640.90	1503	976.01
	2017	1780.79	689.11	12452.89	1558	1091.68

续表

单位名称	年度	主营业务收入/百万元	主营业务利润/百万元	总资产/百万元	员工数/人	主营业务成本/百万元
首创股份	2010	2978.5	1203.26	16841.05	5514	1597.05
	2011	3530.93	1431.08	19023.56	5689	2024.45
	2012	3382.92	1513.93	21954.98	6513	1907.62
	2013	4230.65	1679.79	24326.63	6515	2550.86
	2014	5589.38	1714.81	25174.39	6511	3874.57
	2015	7061.49	2280.85	36125.20	7886	4780.65
	2016	7912.04	2606.35	39635.11	8897	5305.69
	2017	9285.47	2915.48	50994.31	12490	6369.99
重庆水务	2010	2620.34	1583.31	16437.71	4877	1037.03
	2011	2821.27	1615.93	17616.17	4884	1205.35
	2012	3090.34	1724.31	17936.56	5101	1316.13
	2013	4230.65	1679.79	24326.63	6515	2550.86
	2014	3160.34	1852.03	20570.92	4929	1508.31
	2015	3231.72	1630.9	19587.63	4877	1600.81
	2016	2927.96	1204.7	20237.12	5188	1723.25
	2017	3355.44	1561	20120.98	5239	1794.44
兴蓉环境	2010	608.87	335.49	6192.35	605	273.39
	2011	1882.8	948.19	7090.45	2642	934.6
	2012	2074.82	1082.36	8346.00	3070	992.46
	2013	2331.16	1136.2	10410.72	3415	1194.96
	2014	2521.78	1149.56	12155.95	3336	1372.22
	2015	2873.2	1262.98	14202.14	2799	1610.22
	2016	2831.76	1213.35	16919.34	3403	1618.41
	2017	3279.83	1388.2	17663.41	3523	1891.63
中山公用	2010	853.93	282.17	6170.42	261	571.77
	2011	794.76	233.52	7990.29	2020	561.23
	2012	782.34	247.84	7642.60	1930	534.5

续表

单位名称	年度	主营业务收入/百万元	主营业务利润/百万元	总资产/百万元	员工数/人	主营业务成本/百万元
中山公用	2013	810.07	267	8205.17	1862	543.07
	2014	1060.28	397.25	9955.41	2174	663.04
	2015	1898.4	634.33	13744.80	2244	1264.07
	2016	1569.94	542.6	15059.10	2384	1027.34
	2017	1463.317	986.36	15843.03	2402	476.96
洪城水业	2010	823.47	296.26	3947.07	2763	527.21
	2011	976.28	346.05	3977.22	3464	630.23
	2012	1019.48	367.31	4303.35	2752	652.17
	2013	1156.72	368.36	4632.19	2725	788.36
	2014	1431.65	473.63	4968.61	2833	958.02
	2015	1596.79	493.53	5497.69	2978	1103.25
	2016	3043.29	738.98	7748.81	3232	2312.87
	2017	3510	802.21	8444.89	4505	2708.78
钱江水利	2010	561.71	228.3	2945.56	1547	334.42
	2011	526.63	235.62	2916.57	1708	291
	2012	618.8	330.31	3334.44	1771	288.5
	2013	668.71	270.62	3593.98	1788	398.1
	2014	713.37	290.49	4275.10	1797	421.89
	2015	736.11	305.52	5239.00	1837	430.59
	2016	757.36	314.1	5455.61	1755	443.36
	2017	929.38	355.37	4834.59	1699	574.01

数据来源：各公司 2010—2017 年年度供水企业财务报告。

基于多元回归的理论基础，假设 Z 代表主营业务收入，I 代表主营业务成本，P 代表经营利润，K 代表总资产规模，L 代表员工人数和随机干扰项。设立如下模型：$Z=\alpha_1+\beta_1 K+\gamma_1 L+\delta_1 I+\mu$；$P=\alpha_2+\beta_2 K+\gamma_2 L+\delta_2 I+\mu$。其中，$\alpha_i$ 代表常数变量，β_i、γ_i 和

δ_i(i=1, 2) 代表 K、L 和 I 分别对 P 和 Z 的相关系数，μ 代表随机扰动项。通过 Eviews 软件对相关数据做出分析，计算出两个多元线性回归方程。

根据表 4-2 和表 4-3 所示，单位根检验结果表明该序列是平稳的，因而可以得到回归方程：ln Z = 0.15ln K + 0.046ln L + 0.8ln I + 0.1。分析研究结果可知，该方程中有 95.3% 的变量是可以被解释的，在 95% 的置信区间内显著地 F 统计量为 456.7。主营业务收入受总资产、员工人数及主营业务成本的影响，且该影响呈正相关，即总资产增加 1%，主营业务收入增加 0.15%；员工人数增加 1%，主营业务收入增加 0.05%；主营业务成本增加 1%，主营业务收入增加 0.8%。

表 4-2　上市民营化供水企业主营业务收入与投入项的相关性检验结果

被解释变量	ln Z	
		P 值
ln K	0.152	0.002
	(3.215)	
ln L	0.047	0.256
	(1.146)	
ln I	0.082	0.000
	(16.198)	
C	0.105	0.678
	(0.417)	
R-squared	0.953	
F-statistic	456.733	

表 4-3　单位根检验结果（主营业务收入与投入项）

	统计值	P 值
LLC	-19.516	0.000
IPS	-5.101	0.000
F-ADF	54.949	0.000
F-PP	59.165	0.000

根据表 4-4 和表 4-5 可以得到回归方程：$\ln P = 0.31 \ln K + 0.01 \ln L + 0.66 \ln I - 0.97$。分析研究结果可知，该方程中有 84.3% 的变量是可以被解释的，在 95% 的置信区间内显著地 F 统计量为 122。利润受总资产、员工人数及主营业务成本的影响，且该影响呈正相关，即总资产增加 1%，主营业务利润增加 0.31%；员工人数增加 1%，主营业务利润增加 0.01%；主营业务成本增加 1%，主营业务利润增加 0.66%。

表 4-4　上市民营化供水企业主营业务利润与投入项的相关性检验结果

被解释变量	$\ln P$	
		P 值
$\ln K$	0.309	0.000
	(3.495)	
$\ln L$	0.010	0.903
	(0.123)	
$\ln I$	0.656	0.000
	(7.076)	
C	-2.057	0.044
R-squared	0.843	
F-statistic	122.001	

表 4-5 单位根检验结果（主营业务利润与投入项）

	统计值	P 值
LLC	-14.078	0.000
IPS	-4.293	0.000
F-ADF	52.952	0.000
F-PP	62.086	0.000

综上所述，投入项与产出项之间存在线性相关性，投入各项能够解释产出各项，各变量间正向相关，即投入项增加会带来产出项的增加，符合所选用投入与产出变量分析的要求。通过多元回归方程各项系数小于1，还可以得知城市民营化供水企业总体处于规模报酬递减阶段。

总结检验结果可知，虽然员工数对产出的影响并没有表示显著，但最后的两个回归方程能充分地证实投入项与产出项之间呈现正相关的关系，与上述的理论分析相符；同时，各项系数均小于1，表明城市民营化供水企业规模报酬整体上呈下降趋势。

4.1.3 基于 DEA 和 Malmquist 指数法的绩效评价结果

（1）绩效的 DEA 分析。

首先在全国范围内，选取了具有代表性的上市民营化供水企业，这些企业包括1家完全民营化的上市供水企业——国中水务，以及8家部分民营化的上市供水企业——瀚蓝环境、创业环保、首创股份、重庆水务、兴蓉环境、中山公用、洪城水业及钱江水利。通过最后的 DEA 结果分析，可以近似得出我国供水民营化企业总体的绩效水平。

①上市供水企业的 DEA 整体效率分析。

根据以上数据，通过 Deap Version2.1 软件对 9 家上市供水企业进行 DEA 绩效分析，得出这一部分供水企业的总效率、纯粹技术效率、规模效率及规模报酬趋势，由此来对各个决策单元（DMU）进行相对效率评价，如表 4-6 所示。

表 4-6　上市民营化供水企业绩效评价结果（DEA 整体效率分析）

DMU	年度	总效率	纯粹技术效率	规模效率	规模报酬	被参考次数
国中水务	2010	0.889	1	0.889	递增	0
	2011	0.838	1	0.838	递增	2
	2012	0.884	1	0.884	递增	2
	2013	0.874	1	0.874	递增	2
	2014	1	1	1	不变	3
	2015	0.74	1	0.74	递增	1
	2016	0.851	1	0.851	递增	0
	2017	0.708	1	0.708	递增	1
瀚蓝环境	2010	1	1	1	不变	1
	2011	0.929	1	0.929	递增	1
	2012	0.721	0.785	0.884	递增	0
	2013	0.735	0.872	0.843	递增	0
	2014	0.787	0.805	0.977	递增	0
	2015	0.654	0.749	0.873	递增	0
	2016	0.759	0.771	0.985	递增	0
	2017	0.631	0.659	0.957	递增	0
创业环保	2010	0.887	0.894	0.993	递增	0
	2011	1	1	1	不变	0
	2012	1	1	1	不变	2
	2013	1	1	1	不变	2
	2014	1	1	1	不变	1
	2015	1	1	1	不变	1

续表

DMU	年度	总效率	纯粹技术效率	规模效率	规模报酬	被参考次数
创业环保	2016	1	1	1	不变	1
	2017	1	1	1	不变	0
首创股份	2010	1	1	1	不变	0
	2011	0.86	1	0.86	递减	0
	2012	0.795	1	0.795	递减	0
	2013	0.888	1	0.888	递减	0
	2014	1	1	1	不变	0
	2015	0.941	1	0.941	递减	0
	2016	0.967	1	0.967	递减	1
	2017	0.889	1	0.889	递减	0
重庆水务	2010	1	1	1	不变	1
	2011	1	1	1	不变	2
	2012	1	1	1	不变	2
	2013	1	1	1	不变	2
	2014	1	1	1	不变	2
	2015	1	1	1	不变	1
	2016	0.971	0.98	0.991	递减	0
	2017	1	1	1	不变	0
兴蓉环境	2010	1	1	1	不变	0
	2011	1	1	1	不变	1
	2012	1	1	1	不变	0
	2013	1	1	1	不变	0
	2014	1	1	1	不变	0
	2015	1	1	1	不变	1
	2016	1	1	1	不变	3
	2017	1	1	1	不变	0

续表

DMU	年度	总效率	纯粹技术效率	规模效率	规模报酬	被参考次数
中山公用	2010	1	1	1	不变	1
	2011	0.633	0.682	0.928	递增	0
	2012	0.63	0.684	0.921	递增	0
	2013	0.661	0.759	0.871	递增	0
	2014	0.78	0.809	0.964	递增	0
	2015	0.838	0.876	0.957	递增	0
	2016	0.873	0.893	0.979	递增	0
	2017	1	1	1	不变	1
洪城水业	2010	1	1	1	不变	0
	2011	0.924	1	0.924	递增	0
	2012	0.952	1	0.952	递增	0
	2013	1	1	1	不变	0
	2014	1	1	1	不变	0
	2015	1	1	1	不变	0
	2016	1	1	1	不变	0
	2017	1	1	1	不变	0
钱江水利	2010	0.996	1	0.996	递增	0
	2011	0.851	0.931	0.915	递增	0
	2012	0.954	1	0.954	递增	0
	2013	0.852	1	0.852	递增	0
	2014	0.872	0.922	0.947	递增	0
	2015	0.848	1	0.848	递增	1
	2016	0.976	1	0.976	递增	2
	2017	0.968	1	0.968	递增	1

从总效率计算结果来看，效率值的分布区间为 0.63~1。其中，有效率的 DMU 包括 2014 年的国中水务、2010 年的瀚蓝环境、2011—2017 年的创业环保、2010 年的首创股份、2014 年的

首创股份、2010—2015年的重庆水务、2017年的重庆水务、2010—2017年的兴蓉环境、2010年的中山公用、2017年的中山公用、2010年的洪城水业、2013—2017年的洪城水业。因此，有效率的DMU有34个，这些DMU的公司经营效率水平都为1，可以被认为是DEA有效，在分析时也被当作代表性数据与其他DMU进行了多次对照。剩下的DMU都是无效率的，其中2012—2017年的瀚蓝环境、2010年的创业环保、2016年的重庆水务、2011—2016年的中山公用、2011年的钱江水利和2014年的钱江水利的3个效率指标都小于1，这说明这些公司在下一年需要调整公司的规模和技术。而剩下的无效率的DMU只有纯粹技术效率为1，说明这些DMU需要靠提高规模效率来提高总效率。

在规模报酬上，值得一提的是首创股份，纯粹技术效率为1，但规模效率小于1，且大部分时候规模报酬都在递减。首创股份上市较早，现已凭借其清晰的战略规划和灵活的经营模式，成为中国水务行业中的知名领军企业。而造成该公司规模报酬递减的原因，可能来自两个方面：一是随着企业规模的扩大，现已覆盖多个省市，需要考虑的因素也更多，而企业仅有的资源可能无法有效地排除这些因素对资源利用的干扰；二是规模的扩大，会给企业带来更多管理上的压力，同时也会导致决策到达基层时无法被充分实施等问题。

根据国有控股比例，将9家供水企业划分为三大类：完全民营化公司、国有相对控股及国有绝对控股，其中完全民营化的供水企业屈指可数，剔除相关数据后只选取了1家完全民营化公司，用以代表所有的完全民营化供水企业，如

表 4-7 所示。

表 4-7 供水公司国有控股比例（2017 年）

公司	国有控股比例	分类
国中水务	0.00%	完全民营化
瀚蓝环境	39.83%	部分民营化 （国有相对控股）
兴蓉环境	43.91%	
洪城水业	34.81%	
重庆水务	42.21%	
钱江水利	45.47%	
创业环保	67.21%	部分民营化 （国有绝对控股）
首创股份	57.32%	
中山公用	52.95%	

数据来源：东方财富网。

将公司归类之后，分别计算出这三类公司各年份 3 个效率指标的平均值，通过比较三类公司各年份下 3 个指标的变化趋势，得到结果如下。

从图 4-2 可以看出，2014 年之前国有相对控股的公司平均总效率一直是处于其余两类民营化公司曲线的上方，国有绝对控股公司的平均总效率在经历了 2012 年的最低点后开始上升，之后基本上与国有相对控股公司趋平，甚至在 2017 年达到了三类公司的最高值，根据图 4-3 可以得知这主要是源于国有绝对控股公司整体对其产业结构的调整，使其平均纯粹技术效率自 2012 年后不断上升。完全民营化公司的平均总效率在 2014 年达到峰值后便开始逐渐下降，由于其纯粹技术效率一直是 1，因而是规模效率下降导致总规模效率的下降，这说明完全民营化公司需要通过调整其生产规模来优化其资源配置，进而提升总规模效应。从图4-4可以看到三类公司的规模效率的变动趋势与总效率的变动趋势几乎相一致，这是因为所有DMU的纯粹技术效率都等于1或者近似等于1，而总规模效率等于纯粹技术效率与规模效率的乘积。

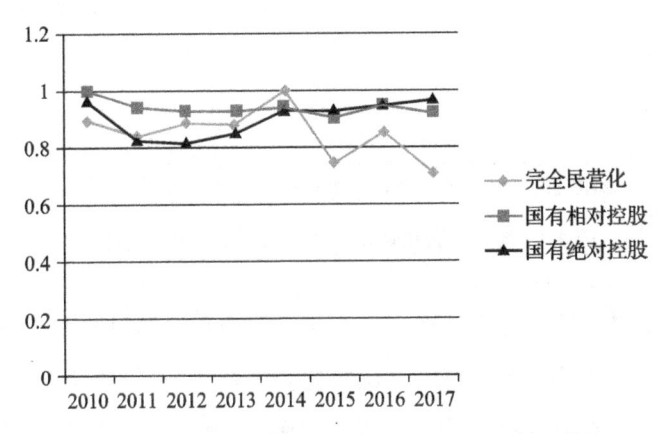

图 4-2 城市民营化供水企业平均总效率变化趋势

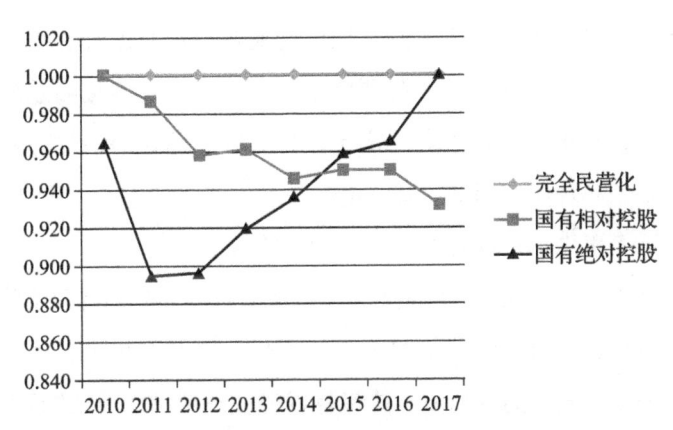

图 4-3 城市民营化供水企业平均纯粹技术效率变化趋势

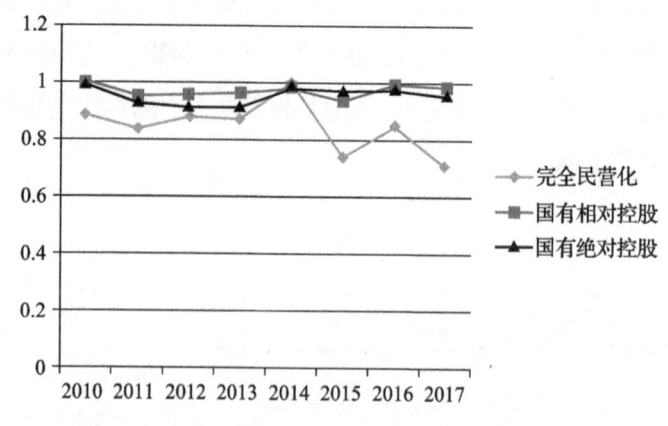

图 4-4　城市民营化供水企业平均规模效率变化趋势

整体来看，首先，完全民营化公司的平均纯粹技术效率一直大于其平均规模效率，这说明完全民营化公司在企业管理方面优于对企业规模的控制。相反，部分民营化公司的平均规模效率变动趋势曲线都处于平均纯粹技术效率变动曲线的上方，说明部分民营化公司的企业管理与企业规模没有匹配，因而需要着重对企业管理进行一些调整。其次，部分民营化的总效率比完全民营化的总效率高，这或许与国家近几年提倡在环保领域加强公私合作（PPP）有一定的关系。

②上市供水企业的 DEA 差额变量分析。

这里运用 Deap 软件结合 DEA 差额变量法，分别得到了每家公司每年在有效率经营情况下的公司投入项与产出项，也就是以下一系列表中的规划值。这里将以创业环保 2010 年的数据为例进行解释说明，如表 4-8 所示。

表 4-8 创业环保投入项与产出项差额变量情况

年度	I/O	产出项目		投入项目		
		主营业务收入/百万元	主营业务利润/百万元	总资产/百万元	员工数/人	主营业务成本/百万元
2010	原始值	755.87	517.9	8425.56	1355	1327.78
	规划值	1128.09	517.9	7531.15	1211	610.091
	差异值	372.08	0	-894.41	-144	-717.689
	差异度	49.2%	0	-10.60%	-10.60%	-54.10%
2011	原始值	1562.49	688.44	9085.32	1410	874.04
	规划值	1562.49	688.44	9085.32	1410	874.04
	差异值	0.00	0	0	0	0
	差异度	0.00	0	0	0	0
2012	原始值	1780.79	937.6	10307.99	1433	843.19
	规划值	1780.79	937.6	10307.99	1433	843.19
	差异值	0.00	0	0	0	0
	差异度	0.00	0	0	0	0
2013	原始值	1460.01	557.69	11073.75	1446	902.32
	规划值	1460.01	557.69	11073.75	1446	902.32
	差异值	0.00	0	0	0	0
	差异度	0.00	0	0	0	0
2014	原始值	1527.05	618.16	10859.48	1430	908.89
	规划值	1527.05	618.16	10859.48	1430	908.89
	差异值	0.00	0	0	0	0
	差异度	0.00	0	0	0	0
2015	原始值	1541.13	585.31	10049.30	1487	955.82
	规划值	1541.13	585.31	10049.30	1487	955.82
	差异值	0.00	0	0	0	0
	差异度	0.00	0	0	0	0

续表

年度	I/O	产出项目		投入项目		
		主营业务收入/百万元	主营业务利润/百万元	总资产/百万元	员工数/人	主营业务成本/百万元
2016	原始值	1617.75	641.74	10640.90	1503	976.01
	规划值	1617.75	641.74	10640.90	1503	976.01
	差异值	0.00	0	0	0	0
	差异度	0.00	0	0	0	0
2017	原始值	1780.79	689.11	12452.89	1558	1091.68
	规划值	1780.79	689.11	12452.89	1558	1091.68
	差异值	0.00	0	0	0	0
	差异度	0.00	0	0	0	0

通过DEA的分析可知，创业环保2010年各项投入指标的规划值较原始值均存在差异，且差异值均为负，表明各项指标应减少原有投入额，其中总资产的现有投入应在原有投入数额的基础上减少10.6%，员工人数的现有投入应在原有投入数额的基础上减少10.6%，主营业务成本的现有投入应在原有投入数额的基础上减少54.1%。相对应的各项产出指标结果却呈现不同的趋势，受投入指标的影响，主营业务收入的有效值应在原有的基础上增加49.2%，主营业务利润已经达到了有效值，差异值和差异度都为零。

综合上述的分析结果可知，创业环保可以通过减少总资产的投入，适当裁员，以及减少主营业务成本实现效率的提升，但公司的主营业务收入需要提高，这说明当时公司在经营时应当重视技术，提高创新，合理配置资源。

(2) Malmquist 指数分析。

随着研究的不断深入,学者们在 DEA 分析法的基础上延伸出 Malmquist 分析法,该分析方法被广泛运用于效率评价,通过对面板数据的处理,分析不同年份间企业绩效的差异。该方法首次运用于全要素生产效率的评价是源于 Fare (1994) 的研究成果,此后被定义为评价全要素生产率的专门方法。

从表 4-9 可以看出,2010—2017 年,这 9 家民营化供水企业总体平均全要素生产力变动指标(tfpch)只有在 2011—2012 年、2013—2014 年和 2016—2017 年这三个时间段是大于 1 的,说明我国民营化供水企业还没有做到使技术和规模之间能够稳定协调。此外,可以发现技术效率变动指标(techch)的平均值大于其他变动指标的平均值,且与全要素生产力变动指标(tfpch)有高度的一致性,说明技术效率的变动对于推动全要素生产率变动的贡献最大。因此,改善民营化供水企业整体绩效的当务之急除了要提高技术创新之外,还要避免盲目融资,过分扩大规模造成资源浪费。

表 4-9 民营化供水企业 Malmquist 指数及分解指标平均值变动

年段	effch	techch	pech	sech	tfpch
2010—2011	0.909	1.037	0.963	0.944	0.943
2011—2012	0.985	1.029	0.982	1.003	1.014
2012—2013	1.011	0.924	1.023	0.988	0.935
2013—2014	1.058	0.984	0.989	1.07	1.042
2014—2015	0.946	0.99	1.01	0.936	0.936
2015—2016	1.053	0.929	1.003	1.05	0.979
2016—2017	0.968	1.15	0.998	0.97	1.113
平均值	0.989	1.004	0.995	0.993	0.993

根据表4-10可以得出如下结论。首先，我国民营化供水企业的行业平均绩效不佳，在选取的72个决策单位中仅有47.2%的决策单位呈现出的结果是有效的，未达到一半的水平。而且，在无效率的决策单位中大部分的结果在0.9以下，其目标的效率值与实际的经营现状之间存在较大的差异，必须调整现有的经营模式，改善经营管理的体系。其次，选取的样本公司的检验结果普遍呈现规模递增的趋势，纯粹技术效率的方差很大，说明纯粹技术效率低的那一部分公司可以通过技术创新来带动规模的扩大，纯粹技术效率为1而规模效率小于1的那一部分公司应当对资源进行合理配置，增加有效资源并淘汰无效资源，以充分发挥规模扩张带来的优势。

表4-10 民营化供水企业Malmquist指数及分解指标均值变动情况

公司	effch	techch	pech	sech	tfpch
国中水务	0.968	1.005	1.000	0.968	0.973
瀚蓝环境	0.936	1.012	0.942	0.994	0.948
创业环保	1.017	1.007	1.016	1.001	1.025
首创股份	0.983	1.033	1.000	0.983	1.016
重庆水务	1.000	0.958	1.000	1.000	0.958
兴蓉环境	1.000	0.983	1.000	1.000	0.983
中山公用	1.000	0.987	1.000	1.000	0.987
洪城水业	1.000	1.056	1.000	1.000	1.056
钱江水利	0.996	0.997	1.000	0.996	0.993

4.1.4 基于DEA和Malmquist指数法的绩效评价结果分析

通过选取水务行业中具有代表性的民营化供水企业作为实

证分析的研究对象，运用理论与实证相结合的方法，从供水企业经营绩效的角度对我国水务行业民营化的绩效进行经济学分析，再运用理论与实证相结合的方法，收集行业中有重要地位的民营化供水企业的数据进行研究与分析，对我国民营化供水企业的绩效和影响因素做出评价及分析。因此，根据以上研究得出了以下结论。

首先，根据绩效的实证分析结果可以得出两个较为直观的结论。从静态绩效来看，我国民营化水务行业的总效率受纯粹技术效率和规模效率的影响。其中，纯粹技术效率结果较高，原因在于规模效率偏低对经营绩效造成影响。这就要求企业通过径向增加产出值和减少投入冗余、扩大产出来提高营销效率。从动态绩效来看，技术效率变动和纯粹技术效率变动对民营化水务行业总效率变动的贡献最大。但是整个行业规模效率偏低，不同企业的管理效率不同，导致行业之间的资源配置效率相差很大，最终整个行业的全要素生产率下降。

其次，研究上市民营化供水企业绩效时，综合分析公司所在区域的经济发展水平高低对绩效产生的影响，发现经济发达地区的民营化供水企业的绩效高于经济欠发达的地区，同时具有代表性的民营化供水企业大部分集中于经济发达地区，如位于华中的兴蓉环境和重庆水务，这两家公司的绩效指标较之其他地区都比较高。通过分析经济发达地区的区域特点可知，企业在发达地区能够获取更多的经济资源，该地区市场体系较欠发达地区更为完善，民营化供水企业的投资来源多样化，投资主体多元化，民营化改革过程中重组与并购能够获得更多的政策支持，能有效构建健全的内部管理体制，将先进的技术转化为生产力等。但这也并非绝对的，地处经济发达城市的公司绩效水平也会比地处经济较欠发达城市的公司绩效水平要低，如本书所涉及的位于江西的洪城水业的总体绩效要优于北京的首创股份。虽然洪城水业的总资产明显低于首创股份，但是其在主营业务也就销售水资源这一块做得比较成功。

最后，从民营化程度的角度来看，国有占股份额会直接影响公司的绩效。例如，中山公用与兴蓉环境两家公司的总资产都差不多，经营绩效却存在一定差距。其中，中山公用属于国有绝对控股，国有股成分占比较高，而兴蓉环境属于国有相对控股，公司自身具有很大的决策权利。由于社会效益和企业的利益通常具有矛盾性，国有绝对控股易产生因政企不分而带来的一些问题，从而影响企业的经营绩效。同时，部分民营化的供水企业绩效要优于完全民营化的供水企业绩效，这也意味着并非民营资本比例越高的企业经营绩效就越好，尽管非国有资本的进入的确能提高城市水务行业的经营绩效。

4.2 我国城市民营化供水企业样本选择与指标构建

4.2.1 企业样本选择

综合考虑商业模式、业务规模、资本属性等因素，目前我国的水处理行业公司可以分为全国性供水企业、水处理工程技术公司、地方水务平台公司三类，如表 4-11 所示。

表 4-11 水务行业公司典型分类

分类	特点	典型公司
全国性供水企业	国资背景为主，控股股东多为中央企业	北控水务集团、首创股份、中国水务集团、中环保水务、光大水务、中国水环境集团
水处理工程技术公司	民营企业居多，主营业务为水处理相关工程建设，或者水处理核心工艺设备的研发和销售	碧水源、博天环境、万邦达、盈峰环境、中金环境、巴安水务、博世科、津膜科技、南方汇通、中持股份
地方水务平台公司	多为地方政府国资委下属企业，主营业务以地方水务资产运营为主	兴蓉环境、粤海水务、上海城投水务、创业环保、北京排水集团、重庆水务、洪城水业、中山公用、江南水务、海峡环保、中原环保、云南水务、渤海股份、钱江水利、绿城水务

资料来源：中信建投证券，2016 年。

当前，部分供水企业没有进行民营化的运营，该类企业民营化程度较低，数据不是完全公开，不适合作为本书的研究对象。选取符合市场化运作，已实现资本市场融合的企业，通过上市实现产权制度改革的国有企业作为本书的研究对象。

非境内上市的供水企业不作为本书研究的对象，因为境外上市的企业其市场环境与国内有一定的差异，不能作为比较对象。

截至 2016 年 12 月 31 日，企业的经营范围涉及水务，但不涉及或者涉及较少的供水业务也不作为研究对象。因为此类企业作为城市供水企业绩效研究对象将产生误差，影响分析结果。因此，综合以上几点，最后选取了在国内的 14 家典型供水企业，如表 4-12 所示。

表 4-12　城市供水企业样本

序号	公司简称	股票代码	区域	水务业务所占比例/%
1	兴蓉环境	000598	四川省	91.31
2	渤海股份	000605	天津市	44.61
3	中山公用	000685	广东省	46.76
4	博世科	300422	广西壮族自治区	39.62
5	首创股份	600008	北京市	30.28
6	武汉控股	600168	武汉市	92
7	国中水务	600187	黑龙江省	46
8	钱江水利	600283	浙江省	94.71
9	洪城水业	600461	江西省	76
10	创业环保	600874	天津市	86.22
11	重庆水务	601158	重庆市	80.7
12	江南水务	601199	江苏省	77
13	绿城水务	601368	广西壮族自治区	96.44
14	博天环境	603603	北京市	96.52

资料来源：根据 Wind 数据库和证监会行业分类整理。

本部分民营化供水企业的民营化程度与国有控股所占比例之间的关系对供水企业绩效的影响需要对企业资本中国有资本所占比例的高低进行分类，直观地反映企业民营化程度与经营绩效之间的关系。

综合国内外学者的研究成果，选取企业的资本与价值两方面衡量其企业民营化程度，分析国有企业与非国有企业的总资产或总产值之间的比例，并按国有股份的比例划分混合所有制的供水企业的民营化程度。国有股份比重与民营化程度呈反比，即国有股份占比高，供水企业民营化程度低。

以 2016 年 12 月 31 日为基点，对 14 家供水企业进行排序和分类，按其股权结构中国有股份划分为完全民营化（即国有股份比例为0%）、国有绝对控股（控制权≥50%）和国有相对控股（控制权<50%）的上市供水企业三类，如表4-13所示。通过对城市供水企业的国有股份进行分析，样本中的14家企业完全民营化的有3个，占21.43%；国有相对控股的有3个，国有绝对控股的公司有8个，占全部的78.57%。

表4-13 城市供水企业民营化程度分类

公司	国有股份比例	分类
洪城水业	35.4%	国有相对控股
兴蓉环境	43.91%	
钱江水利	48.10%	
创业环保	51.31%	国有绝对控股
武汉控股	55.17%	
首创股份	54.96%	
渤海股份	56.18%	
中山公用	60.55%	
绿城水务	69.38	
江南水务	58.37%	
重庆水务	76.56%	
博天环境	0.00%	完全民营化
博世科	0.00%	
国中水务	0.00%	

数据来源：各上市公司2016年财务报告。

4.2.2 绩效评价指标体系的构建

为构建全面的绩效考核指标体系，将从盈亏情况、偿债能力、运营、长期发展四个角度对上市民营化供水企业的经营绩效进行评价。

(1) 盈利能力指标。

企业生产经营过程中以提升企业市场增加值,为股东创造利润作为经营的目标,企业经营绩效的高低是企业经营目标实现过程中的重要考核标准。因此,民营化供水企业的盈利能力作为衡量绩效的首要指标。结合供水企业的投资规模,以及固定资产资本占用较高的特点,除选取衡量企业经营利润的净利率、每股收益、总资产收益率、净资产收益率作为考核指标外,还增加了固定资产利润率及水务类业务利润率两个指标。

公司的净利率又称为主营业务利润率,是企业主营业务产生的利润与主营业务收入净额的比率,主要反映企业每销售一个单位的产品能够为企业创造的利润值,是衡量企业主营业务盈利能力和评价企业经营绩效的主要指标。本书的研究对象是供水企业,其主营业务应为供水,考虑增加水务类业务利润率作为考核绩效的指标。

每股收益是企业扣除了所得税额后的每股税收利润,表示企业股东所持的每一股股票能够获得收益或者亏损的数额,能够衡量每股股票创造收益的能力,也是衡量企业发展潜力的重要指标。

企业的总资产是股东权益资本与企业负债之和,既包括股东的投入资本,也包括企业借入和暂时占用的资金,而净资产仅包括股东权益资本,不包括企业的负债。因此,一定时期内企业的总资产收益率是企业的净利润除以年初与年末的资产总额的平均值得出的比值。企业总资产收益率能够充分体现企业资金利用的效果及资产运用的效果,是判断企业综合盈利能力的指标，并能衡量企业盈利的持久与稳定的程度。净资产收益率是企业的净利润除以年初与年末的股东权益的平均值得出的比值。该指标相较于总资产收益率不包括企业负债的因素，主要用于衡量公司对股东投入资本利用效率。

由于供水企业的行业特点，固定资产占总资产的比重较高。因此，将固定资产利润率作为考核指标。固定资产利润率通常是指企业全年创造的利润总额占企业全年固定资产平均值的百分比，通过反映固定资产在创造利润过程中的效果来衡量企业的经营管理效率。

（2）运营能力指标。

企业获得股权投资及负债后，为创造收益对生产资料、人力资源进行组合配置，整合运用资产和资源的能力即为运营能力。由于供水企业资产的运营周期超过一个会计年度，基础设施建设资本占比大，合理配置企业的资产与资源对企业的持续发展有着重要的影响，其也是判断企业经营过程中绩效高低的重要指标。主要选取总资产周转率、固定资产周转率、流动资产周转率3个指标来考核企业运营能力的高低。

资产周转率是衡量企业创造的总营业额占企业各项资产平均值的比重，是反映企业生产经营期间各项资产从投入到产出的流转速度，充分体现企业资产与资源的利用效率。通常企业的资产周转速度越快，资源利用效率越高。具体衡量标准为总资产、固定资产、流动资产的周转率，即总营业额占总资产、固定资产和流动资产的期初与期末的平均值。其中，固定资产周转率过低可能存在资产陈旧或折旧计提不合理等问题，流动资产周转率过低可能需要补充流动资产来维持企业的正常运转，产生一定的资金浪费现象。

(3) 偿债能力指标。

企业在运作过程中除了运用股东投资资本外,还会向银行等金融机构借入满足营运所需要的资金。企业承担的负债在一定时期内需要偿还,否则将产生资金断裂等问题。因此,企业需要不断地创造收益偿还债务及其利息。企业是否有能力偿还债务是判断企业当前财务状况和能否持久健康发展的关键指标。根据企业偿还债务的时间可分为长期债务与短期债务。主要选取速动比率、流动比率、资产负债率3个指标来考核企业偿还到期债务的承受能力。

企业的资产以其折现能力划分为流动资产与非流动资产。流动比率主要衡量偿还短期债务的能力,即企业承担的每一个单位的流动负债有多少数额的流动资产来保障到期偿还,表示为流动资产与流动负债的比。速动资产是企业流动资产扣除存货后的净额。速动比率主要衡量偿还短期债务的保障程度,即企业承担的每一个单位的流动负债有多少数额的速动资产来保障到期偿还,表示为速动资产与流动负债的比。流动比率、速动比率都与企业的短期偿债能力呈正向关系。

企业的资产由负债加股东权益两部分构成,企业的资产负债率是指企业在经营过程中举债经营的比率,即企业总负债占总资产的比率。企业通过债权人介入的基本需要按期归还本金与利息,企业是否有能力归还债务,经营过程中是否能利用借入资本创造收益,都需要企业充分考虑预期的收益及未来不确定的风险。

（4）成长发展能力指标。

企业衡量成长能力时有量化和非量化两种不同的表达方式，在以往的研究中，通常选择量化指标作为衡量企业绩效的标准，如量化不同年份总资产、主营业务收入、经营利润及毛利的浮动情况。在量化指标的基础上，增加非量化的指标，选择了衡量技术人员和员工教育程度两方面的指标。

选取总资产增长率、营业收入增长率、利润额增长率和毛利润增长率 4 个指标为衡量企业成长发展能力的量化指标，选取技术人员比重和员工教育程度两个指标为衡量企业成长发展能力的非量化指标。

量化的 4 个指标分别计算总资产、营业收入、利润和毛利润的某一年度的增长额比年初总额的比例，从 4 个方面衡量企业一定时期内资产及收益的扩张速度，保障企业按时偿还债务，抵御未来的不确定风险，帮助企业持续发展。

非量化的两个指标分别计算技术人员占总员工数的比重，以及企业员工受教育的水平及占比情况。企业仅依靠物质资源无法创造企业价值，应结合人力资源的配置，发挥专业人才的创造能力，以人才推动企业获得持久的发展，将高素质员工作为企业成长的原生动力。其中，员工教育程度主要统计员工学历，博士学历员工计 10 分/人，硕士学历员工计 5 分/人，本科学历计 2 分/人，专科学历员工计 1 分/人。

综上所述，本部分初步确定以下 18 个指标作为供水企业绩效评价体系的主要指标，如表 4-14 所示。

表 4-14 城市民营化供水企业绩效评价体系主要指标

盈利能力指标	净资产收益率	X_1
	净利率	X_2
	每股收益	X_3
	总资产收益率	X_4
	水务类业务利润率	X_5
	固定资产利润率	X_6
运营能力指标	总资产周转率	X_7
	固定资产周转率	X_8
	流动资产周转率	X_9
偿债能力指标	速动比率	X_{10}
	流动比率	X_{11}
	资产负债率	X_{12}
成长发展能力指标	总资产增长率	X_{13}
	利润额增长率	X_{14}
	营业收入增长率	X_{15}
	毛利润增长率	X_{16}
	技术人员比重	X_{17}
	员工教育程度	X_{18}

4.3 城市民营化供水企业单项绩效指标评价

4.3.1 盈利能力指标评价

在盈利能力方面，选取净资产收益率、水务类业务利润率、每股收益、固定资产利润率作为代表性指标进行单项指标评价。

通过分析各净资产收益率值可知，选取的 14 家上市供水企业 2016 年的净资产收益率总体差距小,但最高与最低值之间差距明显,即博天环境 17.42% 比国中水务 0.63% 高出 27 倍,其余企业大部分的差距在 2 倍以内,如图 4-5 所示。

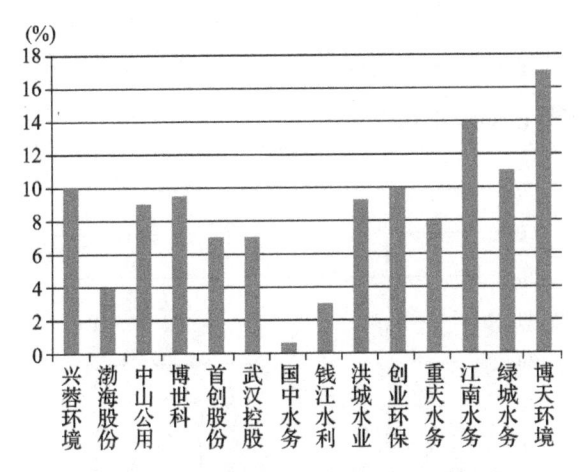

图 4-5 城市民营化供水企业净资产收益率

数据来源:根据上市供水企业 2016 年年报整理。

结合各公司民营化程度进行分析可知,民营化或国有控股的高低不能直接影响企业的净资产收益率,两者之间没有明显的关系。数值最高和最低的两家企业都属于完全民营化的企业,国有相对控股与绝对控股的企业数值均衡,表现中等。总体而言,三类上市供水企业差异性不大,如表 4-15 所示。

表 4-15 城市民营化供水企业净资产收益率分类

分类	完全民营化	国有相对控股	国有绝对控股
净资产收益率(均值)	9.04%	7.4%	8.74%

通过分析各水务类业务利润值可知,选取的 14 家上市供水企业 2016 年的水务类业务利润总体差距小,博世科产生的利润

率最高 59.46%，较低者为渤海股份 19.44%，但是其余 12 家企业均分布在 20%~50%之间，如图 4-6 所示。结合各公司民营化程度进行分析可知，民营化或国有控股的高低不能直接影响企业的水务类业务利润率，两者之间没有明显的关系。表现较为突出的两家企业既有完全民营化的博世科，也有国有绝对控股的江南水务，如表 4-16 所示。

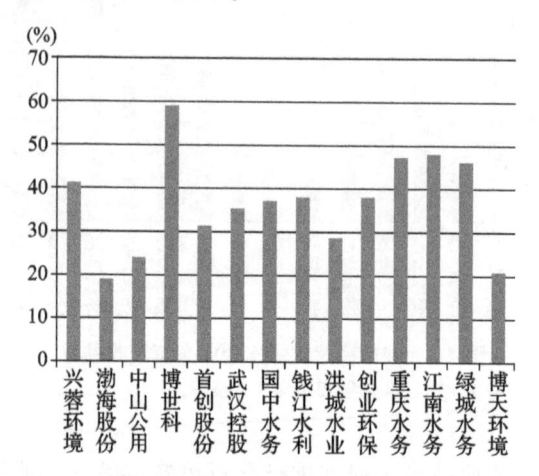

图 4-6 各城市民营化供水企业水务类业务利润率
数据来源：根据上市供水企业 2016 年年报整理。

表 4-16 城市民营化供水企业水务类业务利润率

分类	完全民营	国有相对控股	国有绝对控股
水务类业务利润率（均值）	39.53%	36.61%	36.97%

从图 4-7 中可以看出，每股收益最高的是中山公用 0.65，最低的是国中水务，仅有 0.01，不到中山公用的 1/65，其余 11 家公司分布在 0.1~0.5，说明该项指标下，供水企业的分布差异较大。从民营化程度来看，该项指标最高的中山公用属于国有绝对控股的供水企业，相较于国有相对控股的公司，国有绝

对控股在每股收益上的表现更为突出。总体而言,民营化程度对供水企业的绩效有影响,且呈正向相关关系,如表4-17所示。

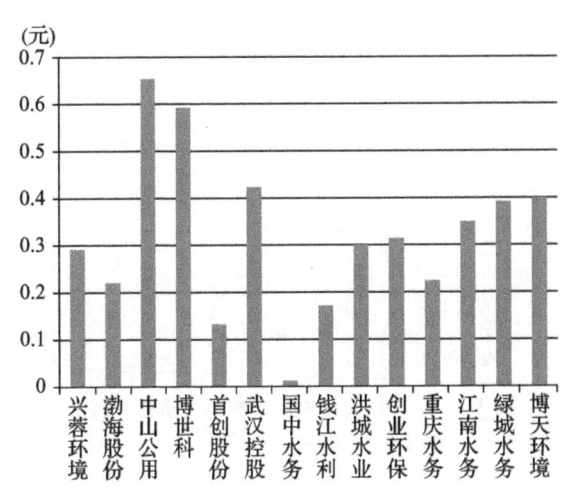

图 4-7 城市民营化供水企业每股收益

数据来源:根据上市供水企业2016年年报整理。

表 4-17 城市民营化供水企业每股收益分类

分类	完全民营化	国有相对控股	国有绝对控股
每股收益(均值)	0.3940	0.2533	0.3363

通过分析各固定资产利润率可知,选取的14家上市供水企业2016年的固定资产利润率总体差距明显,博天环境的固定资产利润率值尤为突出为296.27%,国中水务表现最低仅为3.32%,如图4-8所示。结合各公司民营化程度进行分析可知,民营化或国有控股的高低直接影响企业的固定资产利润率,两者之间存在明显的关系,如表4-18所示。

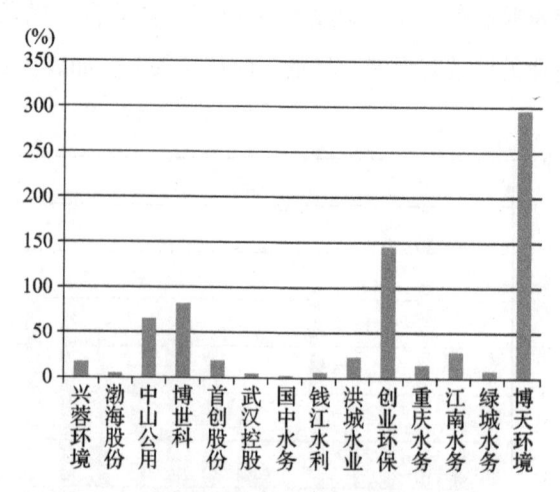

图 4-8 城市民营化供水企业固定资产利润率

数据来源：根据上市供水企业 2016 年年报整理。

表 4-18 城市民营化供水企业固定资产利润率分类

分类	完全民营化	国有相对控股	国有绝对控股
固定资产利润率（均值）	127.59%	16.31%	37.27%

根据上市供水企业民营化程度的不同，运用雷达图可以全面直观反映企业盈利能力，如图 4-9 所示。

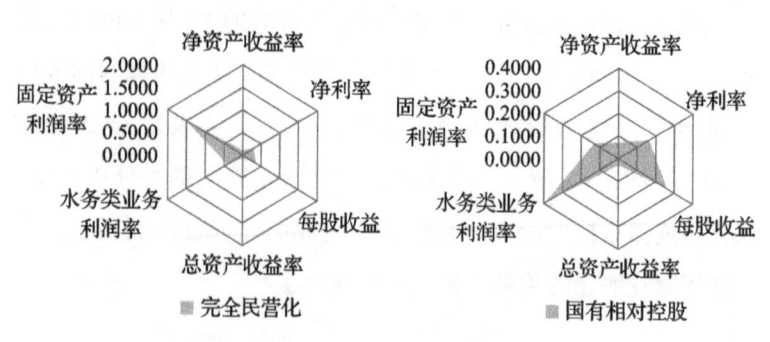

图 4-9 城市民营化供水企业盈利能力（a）

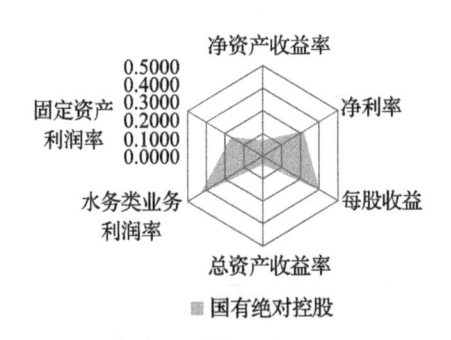

图 4-9　城市民营化供水企业盈利能力（b）

4.3.2　运营能力指标评价

主要选取总资产周转率、固定资产周转率、流动资产周转率 3 个指标来考核企业运营能力的高低，进行单项指标评价。

从图 4-10 中可以看到，总资产周转率大于 0.3 的企业有 3 家，其中 2 家是完全民营化的，分别是博天环境最高为 0.56，博世科为 0.5，1 家是国有相对控股，即洪城水业为 0.47。同时，总资产周转率最低的是完全民营化的国中水务，约为 0.08，其余公司均分布较为均衡，未产生较大差异。结合各公司民营化程度进行分析可知，民营化或国有控股的高低对企业的总资产周转率有一定的影响，两者之间的影响并不是单向的，国有控股企业总资产周转率保持在一定范围内，而完全民营化的结果呈两极分化。就平均水平来衡量，总资产周转率值较为突出的是完全民营化企业，如表 4-19 所示。

（次）

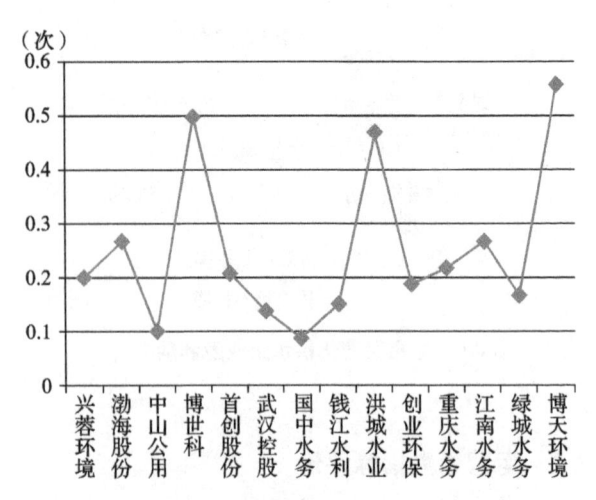

图 4-10　城市民营化供水企业总资产周转率

数据来源：根据上市供水企业 2016 年年报整理。

表 4-19　城市民营化供水企业总资产周转率分类

分类	完全民营化	国有相对控股	国有绝对控股
总资产周转率（均值）	0.3803	0.2744	0.1965

通过分析各固定资产周转率可知，选取的 14 家上市供水企业 2016 年的固定资产周转率总体差距明显，指标大于 5 的公司有 2 家，是完全民营化的公司，即博天环境 45.18、博世科 9.89，其余企业数值较均衡，如图 4-11 所示。结合各公司民营化程度进行分析可知，民营化或国有控股的高低直接影响企业的固定资产周转率，两者之间存在明显的关系，如表 4-20 所示。

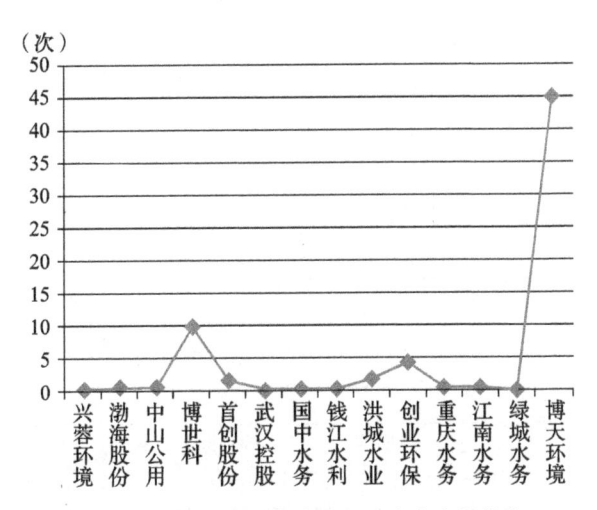

图 4-11　城市民营化供水企业固定资产周转率

数据来源：根据上市供水企业 2016 年年报整理。

表 4-20　城市民营化供水企业固定资产周转率分类

分类	完全民营化	国有相对控股	国有绝对控股
固定资产周转率（均值）	18.39	0.98	1.12

从图 4-12 中可以看到，该项指标得分较高的大多在国有控股企业中，前三名为洪城水业的 2.10、渤海股份的 1.32、兴蓉环境的 1.01，但国有控股企业中也有得分较低的钱江水利的 0.43，最低的是完全民营化的国中水务的 0.31，如图 4-12 所示。结合各公司民营化程度进行分析可知，民营化或国有控股的高低直接影响企业的流动资产周转率，两者之间存在明显的关系，如表 4-21 所示。

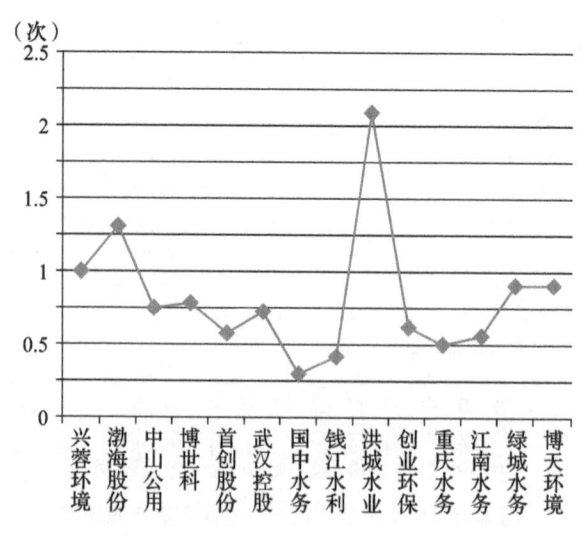

图 4-12　城市民营化供水企业流动资产周转率

数据来源：根据上市供水企业 2016 年年报整理。

表 4-21　城市民营化供水企业流动资产周转率分类

分类	完全民营化	国有相对控股	国有绝对控股
流动资产周转率（均值）	0.67	1.18	0.75

4.3.3　偿债能力指标分析

主要选取速动比率、流动比率和资产负债率 3 个指标来考核企业偿债能力的高低，进行单项指标评价。

通过分析各速动比率和流动比率可知，选取的 14 家上市供水企业 2016 年的速动比率和流动比率总体差距明显，表现较为突出的是完全民营化的公司，两个比率值均处于 0.5~1.5 之间。重庆水务、江南水务、创业环保排前三位，其余企业数值较低，如图 4-13 所示。结合各公司民营化程度进行分析可知，民营化或国有控股的高低在一定程度上影响企业的速动比率和流动比率，国有绝对控股的上市供水企业要略优于完全民营化的企业，如表 4-22 所示。

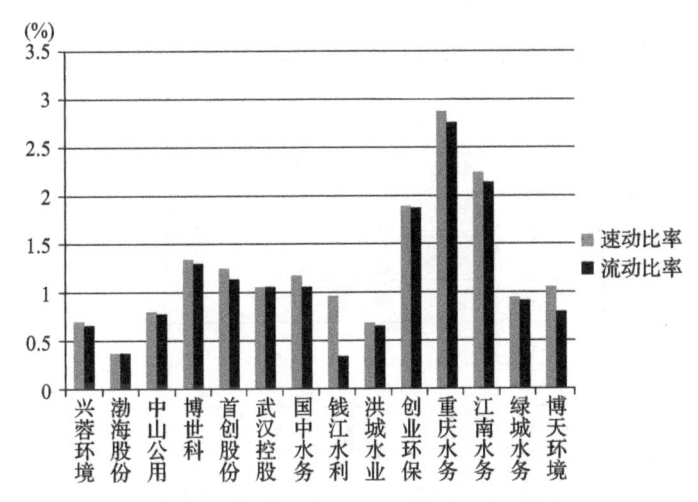

图 4-13　城市民营化供水企业短期偿债指标

数据来源：根据上市供水企业 2016 年年报整理。

表 4-22　城市民营化供水企业短期偿债指标分类

分类	完全民营化	国有相对控股	国有绝对控股
速动比率（均值）	1.18%	0.81%	1.42%
流动比率（均值）	1.04%	0.47%	1.37%

通过分析各资产负债率可知，选取的 14 家上市供水企业 2016 年的资产负债率绝大部分处于 0.3~0.6 之间，并未产生较大差异。2006—2016 年的供水企业平均资产负债率基本保持在 0.35~0.45 之间，发展趋势较为平稳。选取的 14 家公司过半数

资产负债率超过 0.5，说明现有企业更多的通过举债维持企业的生产经营。结合各公司民营化程度进行分析可知，民营化或国有控股的高低在一定程度上影响企业的速动比率和流动比率，如图 4-14 所示。综上可知，国有相对控股企业在经营过程中更多的使用自有资本，较少的借助于负债，对于债权人资本的使用不如完全控股企业，如表 4-23 所示。

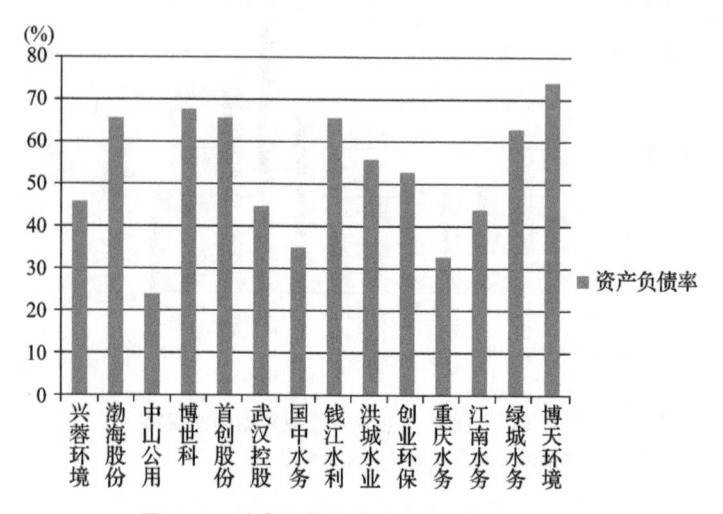

图 4-14　城市民营化供水企业长期偿债指标

数据来源：根据上市供水企业 2016 年年报整理。

表 4-23　城市民营化供水企业长期偿债指标分类

分类	完全民营化	国有相对控股	国有绝对控股
资产负债率（均值）	55.60%	61.93%	49.93%

根据上市供水企业民营化程度的不同，运用雷达图能全面、直观反映企业资产运营能力和偿债能力，如图 4-15 所示。

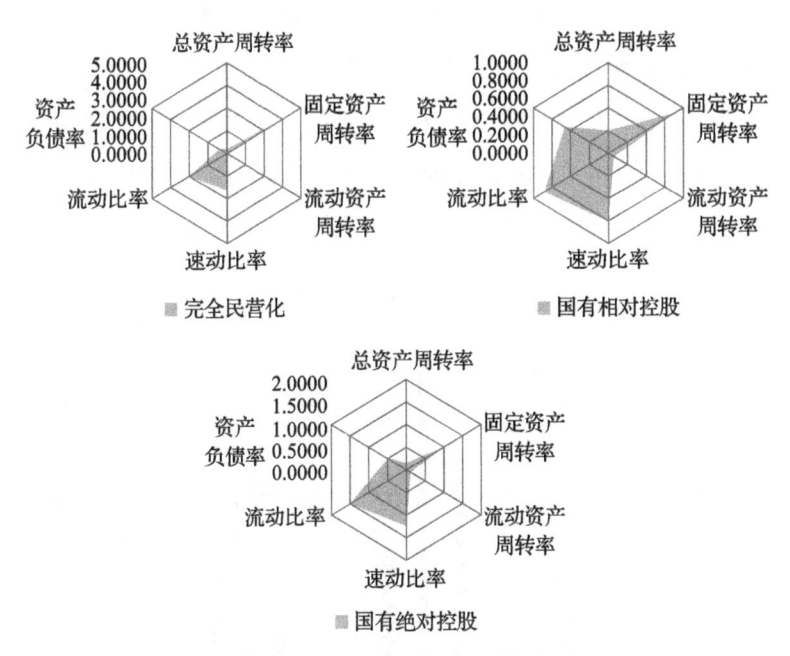

图 4-15 城市民营化供水企业运营和偿债能力

4.3.4 成长发展能力指标评价

选取总资产增长率、利润额增长率、员工教育程度和技术人员比重 4 个指标来考核企业成长发展能力的高低，进行单项指标评价。

通过分析各总资产增长率和利润额增长率可知，选取的 14 家上市供水企业 2016 年的总资产增长率表现较为突出的是博世科 1.21 及博天环境 0.79，其他企业数值均低于 0.5，利润额增长率表现较为突出的是国中水务、钱江水利及洪城水业，如图 4-16 所示。结合各公司民营化程度进行分析可知，民营化或国有控股的高低在一定程度上影响企业的利润额增长率和总资产增长率，前者大于 1 的公司是国有相对控股的钱江水利和完全民营化的国中水务，而国有绝对控股的公司总资产增长率均不超过 0.3，后者完全民营化的平均值要比国有相对控股企业更高，如表 4-24 所示。

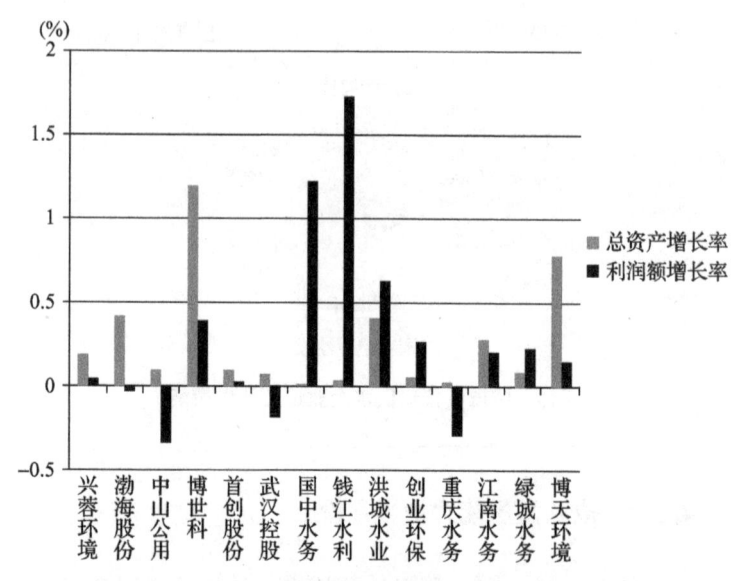

图 4-16　城市民营化供水企业成长发展能力财务指标

数据来源：根据上市供水企业 2016 年年报整理。

表 4-24　城市民营化供水企业成长发展能力财务指标分类

分类	完全民营化	国有相对控股	国有绝对控股
总资产增长率（均值）	67.95%	21.98%	14.12%
利润额增长率（均值）	59.81%	80.56%	-1.12%

通过分析各技术人员比重及员工受教育程度可知，选取的 14 家上市供水企业 2016 年的技术人员占比与员工受教育程度无

较为明显的差异。技术人员的比重基本在 10%~30%之间，较为突出的是博世科 43.29%，国中水务技术人员比重较低，仅占 0.51%。员工受教育程度基本在 50%~90%，中山公用员工受教育程度较低，仅为 27.81%，如图 4-17 所示。结合各公司民营化程度进行分析可知，民营化或国有控股的高低在一定程度上影响企业的技术人员占比与员工受教育程度的高低，两者的最高值均属于完全民营化企业，如表 4-25 所示。

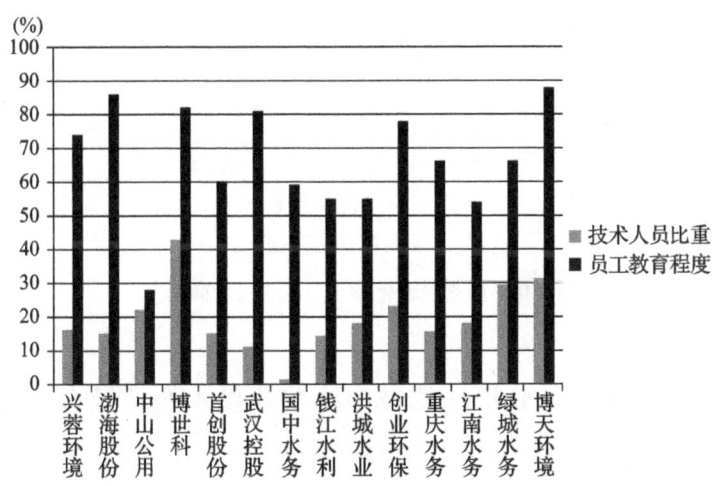

图 4-17 城市民营化供水企业成长发展能力非财务指标

数据来源：根据上市供水企业 2016 年年报整理。

表 4-25 城市民营化供水企业成长发展能力非财务指标分类

分类	完全民营化	国有相对控股	国有绝对控股
员工教育程度（均值）	76%	61.83%	64.35%
技术人员比重（均值）	25%	16.50%	18.59%

根据上市供水企业民营化程度的不同，运用雷达图能全面、直观反映企业成长发展能力，如图 4-18 所示。

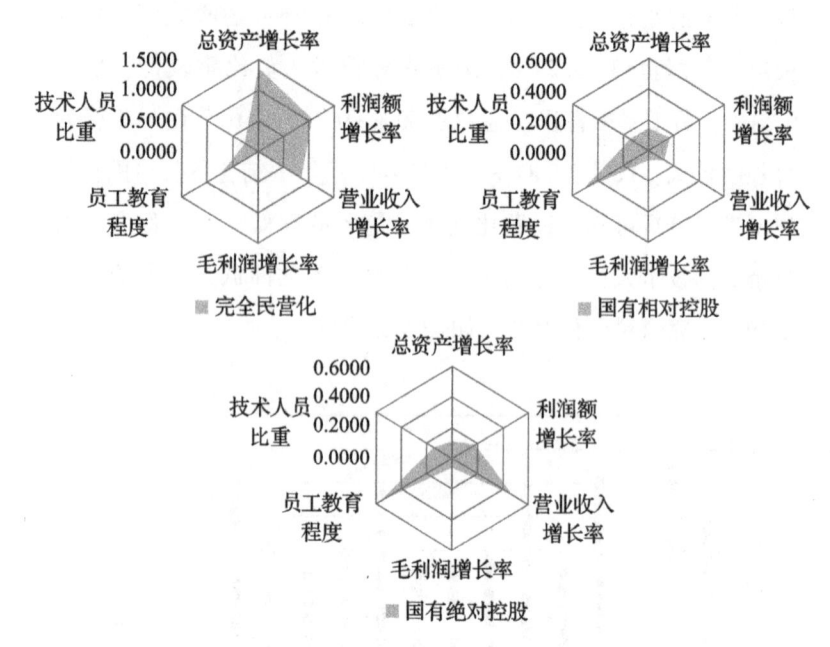

图 4-18　城市民营化供水企业成长发展能力

4.4 基于因子分析法的城市民营化供水企业综合绩效评价

4.4.1 方法的选择

综合以上 4 个方面指标的评价结果，所选取的 14 家上市供水企业，民营化的程度与各单项绩效指标结论并不一致，如评价资产运营能力的指标中，完全民营化企业的总资产周转率和固定资产周转率表现突出，国有控股企业的流动资产周转率表现突出。而偿债能力与成长发展能力的评价指标中民营化程度高的企业的绩效更高。因此，从整体上无法评价供水企业的绩效与民营化程度之间的直接关系。

基于上述结论，为进一步论证民营化程度对城市民营化供水企业绩效的影响，选择综合评价方法对供水企业整体绩效做出分析。

当前企业综合绩效评价可选择的方法多样，现有的方法具体总结为层次分析、TOPSIS 分析、灰色关联度分析、DEA 分析、因子分析 5 种。各评价方法在选择时需考虑评价对象的实际特征及核心评价内容，否则不同的评价方法下得出的结果将产生较为明显的差异。所以，针对民营化供水企业的行业特征和指标特点，应选择合适的综合绩效评价方法。

分析综合绩效评价方法的性质可知，层次分析、灰色关联度分析及 TOPSIS 分析属于主观评价方法，DEA 分析和因子分析属于客观评价方法。基于上文的指标分析，影响供水企业的因素较多，绩效评价指标复杂，为保证评价结论的客观性，尽量减少误差的可能，应选择客观评价方法。

运用客观评价方法中的 DEA 分析法时不需要事先明确具体的生产函数形式，因此，如果实际上生产函数很复杂，则 DEA 分析法能够有效地降低操作难度。但这种方法也存在着缺陷：虽然生产函数形式可以不确定，但函数边界却是需要确定的，这也导致在实际操作中测量误差与随机干扰无法有效区分。

客观评价方法中的因子分析法主要依靠因子权重的计算与分析。相较于主观评价方法，因子分析法剔除了经验赋值，减少了主观因素对结果的影响。相较于 DEA 分析法，因子分析法能同时分析多决策单位的结果，以及分析相关性高的综合指标绩效评价结果。所以，选择因子分析法评价企业的综合绩效更为适合。

4.4.2 实证分析

(1) 指标的筛选和数据处理及检验。

基于本部分构建的绩效评价指标体系,筛选了 14 家公司 2016 年年度财务报告的数据,如表 4-26 所示。

表 4-26 城市民营化供水企业绩效评价综合数据 (a)

单位:%

公司	净资产收益率(X_1)	净利率(X_2)	每股收益(X_3)	总资产收益率(X_4)	水务类业务利润率(X_5)	固定资产利润率(X_6)	总资产周转率(X_7)	固定资产周转率(X_8)	流动资产周转率(X_9)
兴蓉环境	0.10	0.06	0.29	0.07	0.41	0.18	0.20	0.51	1.01
渤海股份	0.04	0.02	0.22	0.03	0.19	0.06	0.27	0.72	1.32
中山公用	0.09	0.07	0.65	0.08	0.24	0.66	0.10	0.90	0.74
博世科	0.09	0.04	0.49	0.05	0.59	0.83	0.50	9.89	0.80
首创股份	0.07	0.02	0.13	0.04	0.31	0.20	0.21	1.67	0.58
武汉控股	0.07	0.04	0.42	0.05	0.35	0.06	0.14	0.22	0.72
国中水务	0.01	0.01	0.01	0.02	0.37	0.03	0.09	0.46	0.31
钱江水利	0.03	0.02	0.17	0.02	0.38	0.07	0.15	0.43	0.43
洪城水业	0.09	0.04	0.30	0.07	0.29	0.25	0.47	2.02	2.10
创业环保	0.10	0.05	0.31	0.07	0.38	1.44	0.19	4.53	0.62
重庆水务	0.08	0.05	0.22	0.06	0.47	0.16	0.22	0.63	0.51
江南水务	0.14	0.08	0.35	0.10	0.48	0.29	0.27	0.73	0.56
绿城水务	0.11	0.04	0.39	0.06	0.46	0.10	0.17	0.35	0.91
博天环境	0.17	0.03	0.40	0.04	0.21	2.96	0.56	45.19	0.91

表 4-26　城市民营化供水企业绩效评价综合数据（b）

单位：%

公司	速动比率 (X_{10})	流动比率 (X_{11})	资产负债率 (X_{12})	总资产增长率 (X_{13})	利润额增长率 (X_{14})	营业收入增长率 (X_{15})	毛利润增长率 (X_{16})	技术人员比重 (X_{17})	员工教育程度 (X_{18})
兴蓉环境	0.70	0.64	0.46	0.19	0.05	-0.01	0.20	0.16	0.74
渤海股份	0.36	0.36	0.66	0.42	-0.03	0.08	1.84	0.15	0.86
中山公用	0.79	0.76	0.24	0.10	-0.33	-0.02	0.06	0.22	0.28
博世科	1.33	1.28	0.56	1.20	0.40	0.65	0.91	0.43	0.82
首创股份	1.24	1.13	0.66	0.10	0.03	0.12	0.12	0.15	0.60
武汉控股	1.05	1.05	0.45	0.08	-0.18	-0.07	-0.03	0.11	0.81
国中水务	1.16	1.04	0.35	0.02	1.22	-0.26	0.22	0.01	0.59
钱江水利	0.95	0.32	0.66	0.04	1.73	0.01	0.11	0.14	0.55
洪城水业	0.67	0.63	0.56	0.41	0.63	0.01	0.11	0.18	0.55
创业环保	1.89	1.87	0.53	0.06	0.27	0.01	0.06	0.23	0.78
重庆水务	2.86	2.76	0.33	0.03	-0.29	-0.02	0.26	0.15	0.66
江南水务	2.24	2.13	0.44	0.28	0.21	0.29	-0.13	0.18	0.54
绿城水务	0.93	0.91	0.63	0.09	0.23	0.05	0.01	0.29	0.66
博天环境	1.05	0.79	0.74	0.79	0.15	0.27	-0.02	0.31	0.88

数据来源：根据上市供水企业 2016 年年报整理。

对数据进行标准化后再进行 KMO 检验，结果导出如表 4-27 所示。

表 4-27 城市民营化供水企业绩效的 KMO 检验结果

KMO 取样适切性量数		0.469
巴特利特球形度检验	近似卡方	308.365
	自由度	153
	显著性	0.000

由表 4-27 可知，KMO 值为 0.469，接近 0.5，适合做因子分析，巴特利特球形度检验统计量为 308.365，检验的 P 值接近零，因此拒绝零假设，认为剩余指标适合进行因子分析。

(2) 提取公因子。

公因子提取如表 4-28 所示。

表 4-28 城市民营化供水企业绩效的公因子提取

公因子方差		
项目	初始	提取
净资产收益率 (X_1)	1.000	0.854
净利率 (X_2)	1.000	0.960
每股收益 (X_3)	1.000	0.789
总资产收益率 (X_4)	1.000	0.916
水务类业务利润率 (X_5)	1.000	0.773
固定资产利润率 (X_6)	1.000	0.880
总资产周转率 (X_7)	1.000	0.693
固定资产周转率 (X_8)	1.000	0.864
流动资产周转率 (X_9)	1.000	0.600
速动比率 (X_{10})	1.000	0.942
流动比率 (X_{11})	1.000	0.943
资产负债率 (X_{12})	1.000	0.807
总资产增长率 (X_{13})	1.000	0.757

续表

公因子方差		
利润额增长率（X_{14}）	1.000	0.862
营业收入增长率（X_{15}）	1.000	0.796
毛利润增长率（X_{16}）	1.000	0.773
技术人员比重（X_{17}）	1.000	0.790
员工教育程度（X_{18}）	1.000	0.766

注：提取方法为主成分分析法。

变量共同度量的结果显示，变量的共同度均大于60%，且基本大于75%，提取的公因子对原始变量可以做出较好的解释。

根据图4-19可以得出，由特征值的累计比例值确定主因子数 M=6。

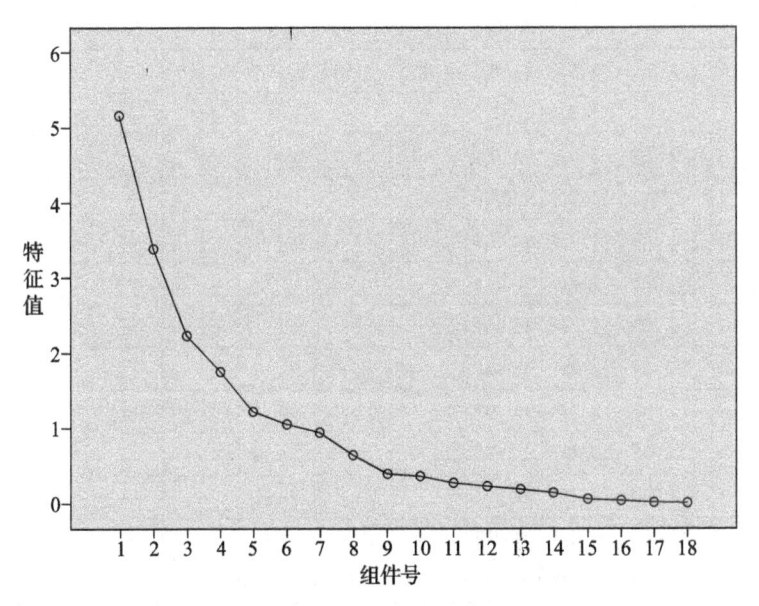

图4-19 城市民营化供水企业绩效的因子分析

由表 4-29 可知，经过旋转，提取 6 个公因子时方差累计贡献率达到 82.029%，可信度高，能充分说明整体指标的结果。因此，最终选取 6 个主成分对上市供水企业的绩效做出客观、真实的评价。

表 4-29　城市民营化供水企业绩效的累计方差贡献率

成分	初始特征值 总计	方差百分比	累积/%	提取载荷平方和 总计	方差百分比	累积/%	旋转载荷平方和 总计	方差百分比	累积/%
1	5.149	28.605	28.605	5.149	28.605	28.605	3.711	20.617	20.617
2	3.376	18.755	47.360	3.376	18.755	47.360	3.448	19.157	39.774
3	2.226	12.366	59.726	2.226	12.366	59.726	2.658	14.765	54.539
4	1.750	9.722	69.448	1.750	9.722	69.448	2.333	12.961	67.500
5	1.212	6.735	76.184	1.212	6.735	76.184	1.335	7.417	74.917
6	1.052	5.845	82.029	1.052	5.845	82.029	1.280	7.112	82.029
7	0.937	5.206	87.235	—	—	—	—	—	—
8	0.639	3.549	90.784	—	—	—	—	—	—
9	0.382	2.124	92.908	—	—	—	—	—	—
10	0.359	1.997	94.905	—	—	—	—	—	—
11	0.265	1.470	96.375	—	—	—	—	—	—
12	0.223	1.238	97.613	—	—	—	—	—	—
13	0.184	1.021	98.634	—	—	—	—	—	—
14	0.137	0.759	99.393	—	—	—	—	—	—
15	0.051	0.282	99.675	—	—	—	—	—	—
16	0.040	0.220	99.895	—	—	—	—	—	—
17	0.014	0.077	99.972	—	—	—	—	—	—
18	0.005	0.028	100.000	—	—	—	—	—	—

注：提取方法为主成分分析法。

(3) 因子旋转及命名。

从表 4-30 来看，如果不经过旋转，计算出的结果与真实结果之间会产生一定的误差。下一步需要采用最大方差正交旋转法进行处理，即旋转成分矩阵。

表 4-30　城市民营化供水企业绩效的因子成分矩阵

成分矩阵

	成分 1	成分 2	成分 3	成分 4	成分 5	成分 6
净资产收益率（X_1）	0.831	-0.074	-0.174	0.020	-0.350	-0.067
净利率（X_2）	0.664	-0.594	-0.370	0.039	-0.060	0.155
每股收益（X_3）	0.783	-0.316	-0.153	-0.078	0.148	0.158
总资产收益率（X_4）	0.684	-0.518	-0.415	0.084	0.031	-0.019
水务类业务利润率（X_5）	0.150	-0.321	0.019	0.787	-0.084	-0.144
固定资产利润率（X_6）	0.705	0.116	0.174	-0.550	0.134	-0.138
总资产周转率（X_7）	0.666	0.344	0.297	-0.066	0.195	0.007
固定资产周转率（X_8）	0.606	0.268	0.278	-0.575	0.029	-0.123
流动资产周转率（X_9）	0.286	0.315	-0.405	0.160	0.137	0.460
速动比率（X_{10}）	-0.077	-0.674	0.673	-0.105	-0.065	0.118
流动比率（X_{11}）	-0.018	-0.699	0.635	-0.014	-0.090	0.207
资产负债率（X_{12}）	0.128	0.821	-0.135	0.146	-0.126	-0.249
总资产增长率（X_{13}）	0.647	0.359	0.319	0.323	0.034	0.040
利润额增长率（X_{14}）	-0.101	-0.090	0.280	0.335	0.717	-0.371
营业收入增长率（X_{15}）	0.771	-0.035	0.288	0.296	0.153	-0.079
毛利润增长率（X_{16}）	0.091	0.448	0.119	0.110	0.379	0.628
技术人员比重（X_{17}）	0.666	0.287	0.260	0.255	-0.345	-0.113
员工教育程度（X_{18}）	-0.164	0.454	0.533	0.195	-0.387	0.247

注：提取方法为主成分分析法。
成分矩阵提取了 6 个成分。

从表 4-31 中可以看出，旋转后的因子载荷矩阵显示，公因子 F_1 在 X_1、X_2、X_3、X_4 上的载荷数值较高且均为正数，说明这 4 个指标的载荷高于剩余指标，与公因子 F_1 之间呈正相关关系。净资产收益率（X_1）、净利率（X_2）、每股收益（X_3）、总资产收益率（X_4）主要反应供水企业盈利能力和收益效果，以盈利能力因子命名 F_1。

公因子 F_2 在 X_{13}、X_{15}、X_{17} 上的载荷较高且均为正数，说明这 3 个指标的载荷高于剩余指标，与公因子 F_2 之间呈正相关关系。总资产增长率（X_{13}）、营业收入增长率（X_{15}）、技术人员比重（X_{17}）主要反应供水企业预期的成长与发展，以成长能力因子命名 F_2。

公因子 F_3 在 X_{10}、X_{11}、X_{12} 上的载荷数值较高。其中，X_{10}、X_{11} 数值为正，X_{12} 的数值为负，说明前两项指标与后一项指标之间呈反比例关系。速动比率（X_{10}）、流动比率（X_{11}）、资产负债率（X_{12}）主要反应供水企业预期的偿债能力，速动比率、流动比率说明企业的短期偿债能力，资产负债率说明企业的长期偿债能力，以偿债保障因子命名 F_3。

公因子 F_4 在 X_6、X_8 的载荷较高且均为正数，说明这两个指标的载荷高于剩余指标，固定资产利润率（X_6）、固定资产周转率（X_8）主要体现供水企业的运营情况，以营运能力因子命名 F_4。

公因子 F_5 在 X_9、X_{16} 的载荷较高且均为正数，流动资产周转率（X_9）、毛利润增长率（X_{16}）主要体现供水企业资金的流转能力及获取能力，以现金能力因子命名 F_5。

公因子 F_6 在 X_{14} 的载荷较大，为正值，即利润额增长率越高,因子得分越高。利润额增长率(X_{14})这个指标直接反映企业综合收益的指标,因此将F_6命名为收益效果因子。

表 4-31 城市民营化供水企业绩效的因子旋转载荷矩阵

	旋转后的成分矩阵					
	成分					
	1	2	3	4	5	6
净资产收益率(X_1)	0.607	0.556	-0.118	0.180	-0.135	-0.334
净利率(X_2)	0.941	0.130	0.167	-0.035	0.011	-0.166
每股收益(X_3)	0.772	0.280	0.118	0.265	0.175	-0.008
总资产收益率(X_4)	0.940	0.165	0.025	-0.021	-0.066	-0.019
水务类业务利润率(X_5)	0.251	0.421	0.112	-0.675	-0.139	0.212
固定资产利润率(X_6)	0.292	0.311	0.000	0.835	-0.026	0.016
总资产周转率(X_7)	0.093	0.595	-0.074	0.497	0.242	0.139
固定资产周转率(X_8)	0.078	0.344	-0.017	0.856	-0.029	-0.072
流动资产周转率(X_9)	0.255	0.088	-0.382	-0.059	0.596	-0.153
速动比率(X_{10})	-0.033	0.012	0.955	0.021	-0.163	0.052
流动比率(X_{11})	0.039	0.064	0.962	-0.061	-0.088	0.009
资产负债率(X_{12})	-0.330	0.379	-0.736	0.096	0.012	-0.061
总资产增长率(X_{13})	0.044	0.810	-0.087	0.138	0.252	0.093
利润额增长率(X_{14})	-0.084	0.065	0.083	-0.097	-0.013	0.913
营业收入增长率(X_{15})	0.368	0.744	0.116	0.141	0.095	0.254
毛利润增长率(X_{16})	-0.181	0.127	-0.070	0.089	0.840	0.068
技术人员比重(X_{17})	0.073	0.850	-0.102	0.111	-0.063	-0.187
员工教育程度(X_{18})	-0.675	0.402	0.124	-0.097	0.174	-0.306

注:提取方法为主成分分析法。
旋转方法为凯撒正态化最大方差法。
旋转后的成分矩阵在 7 次迭代后已收敛。

(4) 因子得分。

表 4-32 是运用回归法计算出的因子得分系数矩阵。

表 4-32　城市民营化供水企业绩效的因子得分系数

成分得分系数矩阵

	成分					
	1	2	3	4	5	6
净资产收益率（X_1）	0.116	0.147	-0.054	-0.022	-0.162	-0.236
净利率（X_2）	0.267	-0.031	0.046	-0.074	0.071	-0.123
每股收益（X_3）	0.205	-0.021	0.053	0.066	0.162	0.015
总资产收益率（X_4）	0.270	-0.018	-0.037	-0.062	-0.026	0.011
水务类业务利润率（X_5）	0.055	0.237	-0.009	-0.385	-0.114	0.122
固定资产利润率（X_6）	0.032	-0.020	0.006	0.375	-0.081	0.073
总资产周转率（X_7）	-0.026	0.118	0.011	0.167	0.109	0.134
固定资产周转率（X_8）	-0.040	0.012	0.016	0.383	-0.097	-0.004
流动资产周转率（X_9）	0.112	-0.052	-0.070	-0.095	0.464	-0.109
速动比率（X_{10}）	-0.061	0.040	0.377	0.042	-0.003	-0.035
流动比率（X_{11}）	-0.039	0.057	0.391	-0.015	0.065	-0.077
资产负债率（X_{12}）	-0.110	0.147	-0.280	-0.011	-0.158	0.001
总资产增长率（X_{13}）	-0.050	0.251	0.009	-0.047	0.107	0.067
利润额增长率（X_{14}）	-0.003	0.029	-0.043	0.008	-0.038	0.724
营业收入增长率（X_{15}）	0.045	0.212	0.042	-0.025	0.019	0.199
毛利润增长率（X_{16}）	-0.027	-0.041	0.102	0.000	0.682	0.028
技术人员比重（X_{17}）	-0.067	0.307	-0.021	-0.071	-0.157	-0.149
员工教育程度（X_{18}）	-0.252	0.219	0.141	-0.106	0.108	-0.303

注：提取方法为主成分分析法。
旋转方法为凯撒正态化最大方差法。
成分得分系数矩阵使用的是组件得分。

可得到以下因子得分函数。

$$\begin{cases}F_1=0.116X_1+0.267X_2+0.205X_3+0.270X_4+0.055X_5+0.032X_6-\\0.026X_7-0.040X_8+0.112X_9-0.061X_{10}-0.039X_{11}-0.110X_{12}-\\0.050X_{13}-0.003X_{14}+0.045X_{15}-0.027X_{16}-0.067X_{17}-0.252X_{18}\\F_2=0.147X_1-0.031X_2-0.021X_3-0.018X_4+0.237X_5-0.020X_6+\\0.118X_7+0.012X_8-0.052X_9+0.040X_{10}+0.057X_{11}+0.147X_{12}+\\0.251X_{13}+0.029X_{14}+0.212X_{15}-0.041X_{16}+0.307X_{17}+0.219X_{18}\\F_3=-0.054X_1+0.046X_2+0.053X_3-0.037X_4-0.009X_5+0.006X_6+\\0.011X_7+0.016X_8-0.070X_9+0.377X_{10}+0.391X_{11}-0.280X_{12}+\\0.009X_{13}-0.043X_{14}+0.042X_{15}+0.102X_{16}-0.021X_{17}+0.141X_{18}\\F_4=-0.022X_1-0.074X_2+0.066X_3-0.062X_4-0.385X_5+0.375X_6+\\0.167X_7+0.383X_8-0.095X_9+0.042X_{10}-0.015X_{11}-0.011X_{12}-\\0.047X_{13}+0.008X_{14}-0.025X_{15}+0.000X_{16}-0.071X_{17}-0.106X_{18}\\F_5=-0.162X_1+0.071X_2+0.162X_3-0.026X_4-0.114X_5-0.081X_6+\\0.109X_7-0.097X_8+0.464X_9-0.003X_{10}+0.065X_{11}-0.158X_{12}+\\0.107X_{13}-0.038X_{14}+0.019X_{15}+0.682X_{16}-0.157X_{17}+0.108X_{18}\\F_6=-0.236X_1-0.123X_2+0.015X_3+0.011X_4+0.122X_5+0.073X_6+\\0.134X_7-0.004X_8-0.109X_9-0.035X_{10}-0.077X_{11}+0.001X_{12}+\\0.067X_{13}+0.724X_{14}+0.199X_{15}+0.028X_{16}-0.149X_{17}-0.303X_{18}\end{cases}$$

(4-7)

由因子得分函数可以得到上市供水企业因子得分表，如表 4-33 所示。

表 4-33　城市民营化供水企业绩效的各因子得分 (a)

公司	盈利能力因子 F_1	排名	成长能力因子 F_2	排名	偿债保障因子 F_3	排名
兴蓉环境	0.29524	4	-0.27117	6	-0.59551	9
渤海股份	-1.46381	14	-0.48436	10	-0.72471	10
中山公用	1.62915	1	-1.48783	13	-0.31862	7
博世科	-0.61735	9	2.86352	1	0.17583	4
首创股份	-1.01637	12	-0.35531	9	-0.59350	8
武汉控股	-0.35717	8	-0.66659	12	-0.09452	6
国中水务	-1.45066	13	-1.62358	14	-0.09203	5
钱江水利	-0.83737	11	-0.61954	11	-1.21793	14
洪城水业	0.37176	3	-0.34313	8	-1.21110	13
创业环保	-0.19940	6	0.15532	5	0.37962	3
重庆水务	-0.21658	7	-0.28849	7	1.60839	1
江南水务	1.22765	2	0.39660	4	0.61142	2
绿城水务	-0.05239	5	0.44802	3	-0.84798	12
博天环境	-0.99233	10	1.63941	2	-0.79372	11

表 4-33　城市民营化供水企业绩效的各因子得分 (b)

公司	营运能力因子 F_4	排名	现金能力因子 F_5	排名	收益效果因子 F_6	排名
兴蓉环境	-0.83536	11	0.10628	4	-0.89166	11
渤海股份	0.06967	3	3.33151	1	-0.60902	7
中山公用	0.18481	2	-0.11534	5	-0.81646	10
博世科	-1.00908	14	0.93844	3	0.35216	3
首创股份	-0.04108	4	-0.79436	10	-0.20624	5
武汉控股	-0.42883	9	-0.20328	7	-1.08778	14
国中水务	-0.09144	5	-0.50299	8	1.66158	2
钱江水利	-0.28330	8	-1.10182	14	2.30005	1
洪城水业	-0.16635	6	1.26075	2	0.18886	4

续表

公司	营运能力因子 F_4	排名	现金能力因子 F_5	排名	收益效果因子 F_6	排名
创业环保	-0.27616	7	-0.76656	9	-0.81548	9
重庆水务	-0.71085	10	-0.18828	6	-1.06690	13
江南水务	-0.92133	12	-1.02315	13	-0.41476	6
绿城水务	-0.96007	13	-0.87176	12	-0.64371	8
博天环境	1.75514	1	-0.79834	11	-1.02085	12

为了清晰明了的观察因子得分结果,通过绘制成柱状图来进一步说明,如图 4-20 所示。

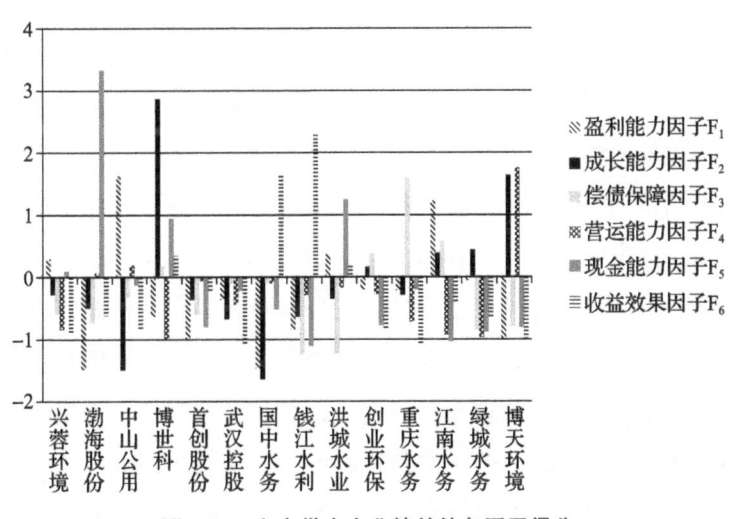

图 4-20 上市供水企业绩效的各因子得分

从盈利能力因子来看,我国供水企业的整体盈利性较低,除中山公用、江南水务外其余 12 家企业数值都低于 1.0,其中 10 家企业数值为负,分析该结果,可能是受价格规制和成本两方面的影响。首先,国家对供水行业价格规制进行制定,水价不受市场经济的供需调节，行业的龙头企业及成本控制严格的企业能够获得较高的利润，相反业绩不佳或成本高的企业其盈利被压缩。其次，生产成本随着生产各环节价格的增加而上涨，在收益有限的情况下，企业创造利润的压力增加。部分绩效表现优异的企业从延长产业链等角度增加盈利的空间。

从成长能力因子来看，我国供水企业的整体成长与发展能力有待提升，除博世科、博天环境外其余12家企业数值都低于1.0，其中9家企业数值为负。可以认为，外资供水企业在国内市场扩张步伐加快，投资项目较多的集中于威立雅、中法水务、亚洲环保等少数几家跨国水务集团，且绝大多数为高溢价收购，对中国水务产业的发展及本土供水企业的未来发展造成一定的负面影响。因此，我国水务产业需要培育具有号召力且具有市场活力的大型水务市场主体。

从偿债保障因子来看，我国供水企业的债务偿还保障能力较低，除重庆水务外其余13家企业数值都低于1.0，其中10家企业数值为负。为满足企业持续的资金投入需求，自有资金无法满足企业所有的资金投入，政府能给予的补贴也是需要满足相应的条件才有资格获得，且资金也是相对有限的，举债经营就成为企业在生产经营中必然选择的一种资金来源方式。资金是影响企业能否持续发展的关键因素，举债经营能够解决企业的资金需求，但也同样增加了企业的经营风险，如果到期不能清偿本金和利息，债权人有权要求企业用资产抵偿，这直接影响企业的发展。

从营运能力因子来看，我国供水企业的整体经营状况有待加强，除博天环境外其余13家企业数值都低于1.0，其中11家企业数值为负。分析该结果，可能是受市场环境和内部管理两方面的影响。首先，国家为推动经济的发展提出宽松的货币政策及财政政策对供水企业的发展产生一定的影响，供水行业的进入门槛高，市场份额变化难度大，企业出现主营业务经营的瓶颈，利润增加空间有限。其次，单一供水作为主营业务的公司逐渐开始转化经营方向，开展多元化经营战略，将资金投入其他利润率高的行业，通过分散资金的投资对象降低企业整体的风险。

从现金能力因子来看，我国供水企业的整体经营状况有待改善，除渤海股份、洪城水业外其余 12 家企业数值都低于 1.0，其中 10 家企业数值为负。分析该结果，可能是受国内水务行业集中度低，供水企业平均规模小、综合实力不强等因素的影响。供水企业的资金实力、融资能力等相对较弱也在一定程度上限制其获取资金的能力。

从收益效果因子来看，我国供水企业的整体经营状况有待优化，除钱江水利、国中水务外其余 12 家企业数值都低于 1.0，其中 10 家企业数值为负。自 20 世纪 90 年代以来，水务行业投融资、设计建设及运营管理领域引入市场机制的改革逐步推向深化。但水价仍未实行全成本的核定方式，整体水平偏低。为使水务行业市场化改革健康发展，高效用水，应进一步提高再生水的推广和应用。

经过 SPSS 软件的分析，成分得分协方差矩阵如表 4-34 所示，可得知以上主因子之间不存在关联，主因子分析得出的结论是客观的。

表 4-34 成分得分协方差矩阵

成分	1	2	3	4	5	6
1	1.000	0.000	0.000	0.000	0.000	0.000
2	0.000	1.000	0.000	0.000	0.000	0.000
3	0.000	0.000	1.000	0.000	0.000	0.000
4	0.000	0.000	0.000	1.000	0.000	0.000
5	0.000	0.000	0.000	0.000	1.000	0.000
6	0.000	0.000	0.000	0.000	0.000	1.000

注：提取方法为主成分分析法。
旋转方法为凯撒正态化最大方差法。
成分得分协方差矩阵使用的是组件得分。

（5）综合得分。

运用式（4-8）的函数模型可计算出因子综合结果，排名如表 4-35 所示。

$$F = \frac{\lambda_1}{\lambda_1+\lambda_2+\lambda_3+\lambda_4+\lambda_5+\lambda_6}F_1 + \frac{\lambda_2}{\lambda_1+\lambda_2+\lambda_3+\lambda_4+\lambda_5+\lambda_6}F_2 + \frac{\lambda_3}{\lambda_1+\lambda_2+\lambda_3+\lambda_4+\lambda_5+\lambda_6}F_3 + \frac{\lambda_4}{\lambda_1+\lambda_2+\lambda_3+\lambda_4+\lambda_5+\lambda_6}F_4 + \frac{\lambda_5}{\lambda_1+\lambda_2+\lambda_3+\lambda_4+\lambda_5+\lambda_6}F_5 + \frac{\lambda_6}{\lambda_1+\lambda_2+\lambda_3+\lambda_4+\lambda_5+\lambda_6}F_6 \quad (4-8)$$

表 4-35 上市供水企业绩效的因子综合得分

公司	因子综合得分	排名
兴蓉环境	-0.30	8
渤海股份	-0.35	9
中山公用	-0.05	4
博世科	0.50	1
首创股份	-0.54	13
武汉控股	-0.44	11

续表

公司	因子综合得分	排名
国中水务	-0.68	14
钱江水利	-0.52	12
洪城水业	-0.10	6
创业环保	-0.13	7
重庆水务	-0.05	5
江南水务	0.24	2
绿城水务	-0.35	10
博天环境	0.11	3

为了清晰明了的观察综合绩效水平，通过绘制成柱状图来进一步说明，如图 4-21 所示。结合民营化程度，进一步对选取的 14 家企业分类，其结果如表 4-36 所示。

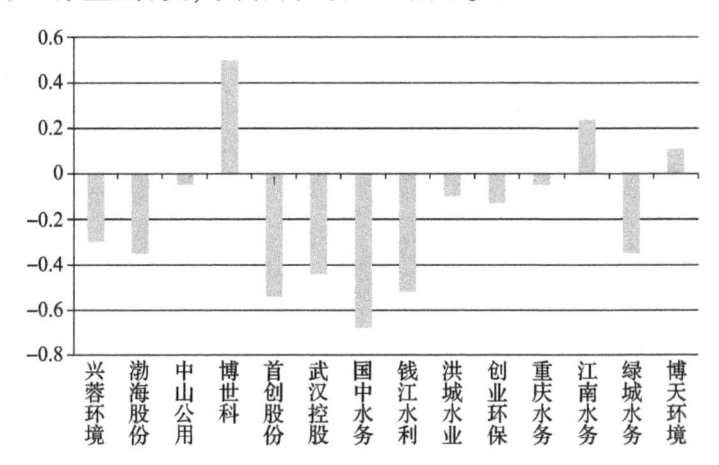

图 4-21 上市供水企业绩效的因子分析综合得分

表 4-36 上市供水企业绩效的因子综合得分分类

分类	完全民营化	国有参股	国有相对控股	国有绝对控股
综合得分（均值）	0.1925	0.37	-0.08	-0.2178

4.4.3 我国城市民营化供水企业绩效评价结果

综合以上分析结果，水务行业绩效评价结果整体不佳，因子分析综合得分为正值的仅有 3 家企业，11 家企业的分值为负值。分值为正的企业分别是博世科、江南水务、博天环境，其中绩效最优的企业是博世科。分析单个企业的绩效评价结果发现，绩效评价结果最高的博世科是完全民营化的供水企业，绩效评价结果最低的国中水务同样也是完全民营化的供水企业。单纯从截面数据来判断绩效评价结果无法做出绝对的判断，影响供水企业绩效的因素较多且复杂，不能用单一的结论证明民营化程度对供水企业的绩效有直接的影响。

第 5 章

我国城市民营化供水企业绩效影响因素分析

5.1　城市民营化供水企业绩效影响因素的理论分析

人民的生活水平及幸福指数与市政公用事业息息相关，城市供水作为市政公用事业的一部分，其绩效的高低对社会经济的健康发展起着关键的作用。城市供水企业的绩效受多方面的影响，首先是国家政策、经济环境、市场条件等宏观因素的影响，其次是产权结构、竞争行为等行业因素的影响，最后是企业的组织结构、管理和激励机制等微观因素的影响。可以从定性研究和实证研究的角度对以上三个方面展开分析。

5.1.1　宏观影响因素

宏观因素是供水企业在经营过程中面临的外部环境，近些年来，我国国内的经济形势出现了一定的变化，如经济发展增速放缓、经济结构转型等。所以，从宏观角度研究民营化供水企业的影响因素就显得很有意义。

（1）经济增长。

宏观经济是企业经营过程中面临的重要外部经济环境因素，是企业不断提升经营绩效的外部基础。国内生产总值（GDP）能够直观地表达宏观经济的变化情况，可细分为消费、投资和出口。凯恩斯提出消费和国内生产总值正相关，消费的上涨有效推动企业增加投资和生产，营业收入的上升带动企业绩效的上升；投资与收入呈正比例关系，以固定资产为代表的投资增加促进企业投资新增产能，由收入和利润增加实现绩效上升。因为本书研究的对象是供水企业，其生产的产品和服务受地域的限制。所以，在本章不考虑企业产品对出口的影响。国有民营化企业在进行合理的改革过程中需要宏观经济增长作为其支撑，并且相关学者发现，国有民营化企业如果处在宏观经济高速增长时期会使企业在绩效上获得大幅的提高。所以，外部的宏观经济环境向好对民营化供水企业起到正向的外部效应。

（2）宏观经济制度。

企业的生产经营活动受经济体制的直接影响，而生产经营活动的效率决定企业的业绩。我国经济体制从计划经济逐渐转化成为市场经济，非国有企业的不断增多使市场活力不断增强，形成独立、公平、竞争的市场环境。从改革开放以来，为了获取更高的收益民营资本在进入市场后不断地提高企业的管理与经营能力，绩效逐渐增加。

（3）资本市场成熟度。

宏观市场在交易结构中不断完善，而整个市场的环境及结构的完善水平是基于企业在市场行为里投融资的操作来分析企业整体的绩效。完善的市场交易结构，其融资机制相较于不成熟的市场更加规范，融资渠道呈现多样化的特征。绩效突出的民营企业在成熟的资本市场环境下能够获得更多的资本，将较少受到信息不对称的影响。另一方面，成熟的资本市场能有效监督和激励企业行为，减少企业为追求短期收益而影响经济的可持续发展。结合我国的实际情况，水务产品的市场需求随着城市化进程的加深而不断增加，企业需要获得投资以实现产能的提升进而满足市场需求。成熟的资本市场能够增加企业的融资能力，能够更好地调动民营资本，为供水行业的发展提供完善与合理的外部市场环境。

(4) 法律制度。

法律制度是以国家的法律、法规、规范为媒介对企业的经营行为进行管理，对投资人的投资行为进行保护。市场环境的不断变化需要政府"有形的手"调节，稳定、健康的行业环境需要国家法律体系的保障，给企业的生产经营提供良好的经营氛围，综合提升企业生产经营的绩效。科斯（1960）提出，国家可以通过清晰的产权关系减少效率低下行为的发生概率。供水企业在生产经营中的产权关系是影响企业绩效的核心要素。它可以通过内化外部性来影响公司的行为，并形成一种更有效的激励机制，优化资源分配，提高公司绩效。当前供水行业正经历由国有控制走向民营化的阶段，国家从宏观层面调整当前行业垄断现象，通过建立明确的产权制度刺激民营资本的投入，鼓励企业民营化，帮助企业增加其生产经营的效率。

5.1.2 行业影响因素

宏观环境是影响企业绩效的因素之一，行业因素同样对绩效产生影响，即从产业角度出发判断供水企业绩效受市场结构、行业规制等影响的情况。

(1) 市场结构。

企业行为受市场结构的影响是显著的，企业行为进而影响市场绩效，其中市场集中度与竞争度是市场结构中的两个核心组成部分。市场集中度表示大型企业占其产业整体份额的比例，市场竞争度是判断产业中是否存在垄断，是否形成有效竞争的指标，主要受进入壁垒及市场集中度的影响。进入壁垒是指新企业进入某一行业的障碍，行业中的规模经济、产品间的差异、行政手段或技术因素都会形成进入壁垒。客观上，行业的进入壁垒影响市场集中度，且呈正相关，进而影响市场竞争度，呈负相关。企业进入壁垒低，在竞争程度高的市场环境下需要有效提高经营绩效才能实现持续的发展。供水行业具备规模经济、资金投入大等特征，主要由国有企业垄断，属于自然垄断行业，市场竞争度低，供水企业市场表现有待加强。从市场结构的角度判断，市场竞争的增加将有效地提升供水企业的绩效。

（2）行业规制。

市场环境在发展过程中会出现部分企业垄断经营，行业外部不经济，信息使用人之间信息不对称等问题，需要政府运用"有形的手"来管理和调控市场。政府通常通过法律手段，制定法律法规来影响企业的行为。国家提出相应的行业准则或规制政策对特定行业和企业主体进行干预和限制，进而规范市场。过去，国内供水企业非市场化运作，受到政府的严格管制。政府规制具有两面性，对企业绩效的影响也是有两面性的，应根据实际情况制定政府规制政策。

5.1.3 微观影响因素

本部分的重点是基于企业的视角分析民营化供水企业绩效的影响因素。企业在微观层面是市场经济的重要组成部分，该层面的影响因素是必须重点考虑的。

（1）股权结构。

股权结构是不同性质的股份在整体股份中的占比，它是产权结构的延伸，体现不同股份之间的关系。股权结构虽不能直接影响企业的经营与绩效，但其直接决定了股东结构，进而影响企业的监督机制，并通过影响公司治理结构间接影响企业绩效。股权结构对企业绩效的影响主要体现在股权的集中程度和股权性质两方面。股权集中度是指股东持股占总股份的比例。股权集中度对企业绩效的影响是多方面的，集中度高能确保公司制订的机制有效执行，但也会出现股东之间的冲突。当前我国供水企业大部分是集中度高的模式，以国有控股为主，股权之间需提高制衡，对企业绩效也有所影响。股权性质受股东性质的影响，即国有股份与非国有股份的相互关系。国有控股的公司其委托代理层级多，导致代理成本高，影响企业绩效。同时，国有控股企业的经营目标并未单一追求经济效益最大化，带有一定的社会效益取向，企业资源的分配会影响供水企业绩效。相反，民营化的供水企业不需要追求财政收入或政治支持的最大化，其以追求企业利润最大化为目标，有利于提高企业的绩效，同时也能吸引更多投资者的资本进入，增强市场的活力。

(2) 内部治理机制。

公司内部治理机制是公司内部的治理结构和监管体系的统称，通过设计科学、合理的结构协调企业内各层级间的利益关系，通过完善的治理机制增加企业各资源利用的效率，进而提升企业绩效。企业合理分配高层级管理人员的权限，建立董事会、监事会等机构实现相互制衡，减少因整合资源和解决代理问题带来的委托代理成本，为达到持久的发展而减少短期获利行为。综合考虑民营化供水企业的经营特点，可以认为企业内部治理机制从以下两方面对企业的绩效产生影响：①集权式管理。上市公司由一人担任董事长和总经理两个职务，管理权集中，董事会对管理层的监督具有一定的削弱影响，管理人员易追求短期利益。国有控股部分民营化的供水企业如果采取集权式管理，企业的生产经营活动可能会更多地受到政府行为的影响。②激励机制。企业在生产经营过程中存在管理权与所有权分离的情况，出现委托代理成本，为增加企业运营绩效，企业经营者通常会选择支付较高薪酬、分配股权等措施来管理企业内的高层人员，鼓励管理人员积极主动遵循一系列制度安排。当前，我国民营化供水企业普遍通过赋予核心管理人员相应股份这一股权激励的方式，在核心管理人员的收益和公司的收益之间建立紧密的关系，降低委托代理成本。因此，在一般情况下，公司高级管理人员的股份与公司发展和绩效呈正相关的关系。

（3）企业行为。

企业为了实现经营目标，为了增加市场增加值，会采取相应的、有规则的行为，具体包括企业投资、生产、分配、交换等行为，企业需要选择一定的方式筹集资金，需要购买各生产要素，对资本使用的方向会有所取舍，同时对生产进行组织管理，对取得的可支配的内部积累资本或结余资金进行重新分配，制定产品价格，开展销售行为等都属于企业行为。企业行为是市场经营运转的最基础的经济单位，通过企业可以较好地调整政府、企业及社会公众之间的关系。企业行为的效率将直接影响其经营绩效的结果，也对股权结构、治理机制产生间接的影响。

综合以上分析，将各影响因素总结为图 5-1 所示。

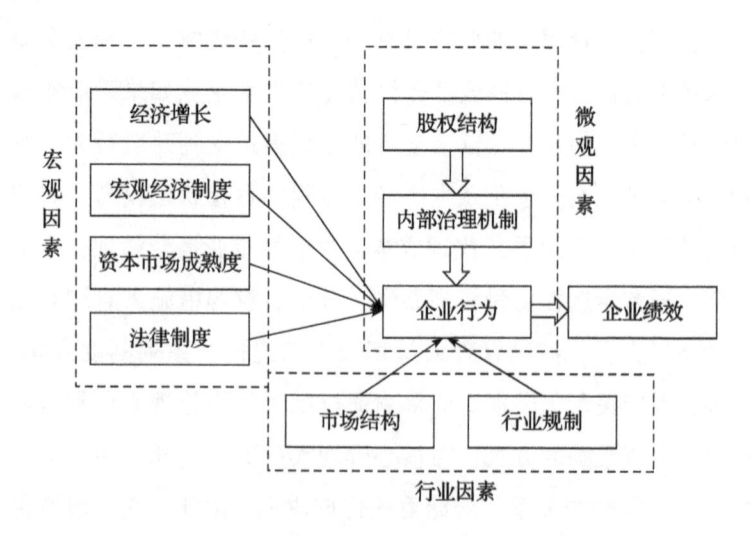

图 5-1　影响我国城市水务民营化企业绩效因素

5.2　城市供水企业民营化的绩效影响实证分析

5.2.1　评价指标选择与数据说明

本书第 4 章已通过选取 14 家上市供水企业的截面数据对企业绩效进行实证评价，没有证明民营化是上市供水企业绩效决定因素的结论。本章第一部分分别从宏观环境、行业环境、微观环境三个方面对民营化供水企业的绩效影响因素深入剖析。本节实证部分重点分析核心微观变量民营化因素对供水企业绩效的影响，加入时间的维度，将截面数据分析拓展到面板数据分析，详细分析民营化对企业绩效的影响。

(1) 城市供水企业民营化的绩效评价指标。

根据第 4 章将绩效评价指标体系分别从盈利能力、运营能力、偿债能力、成长发展能力四个方面进行构建，如表 5-1 所示。

表 5-1 供水企业民营化的绩效评价指标

总指标	分指标	干扰因素
盈利能力	净资产收益率 主营业务利润率	地区经济增长率、行业价格规制、资产负债率 地区经济增长率、营业成本
运营能力	总资产周转率	行业价格规制、企业规模
偿债能力	资产负债率	地区经济增长率、总资产周转率、上证指数
成长发展能力	营业收入增长率 技术人员比率	地区经济增长率、行业价格规制 地区经济增长率、行业价格规制

①盈利能力。

利润的高低会影响资本的投资方向，企业也是为创造收益选择开展相应的业务。因此，盈利能力是判断企业绩效的核心指标。可反映盈利能力的指标有很多，根据第 4 章中各指标的相关性分析，本节选取相关性较低的净资产收益率和主营业务利润率（净利率）作为分指标，能够较全面的分析上市企业的盈利能力。净资产收益率可理解为判断股东权益的指标，企业创造的市场增加值在一定程度上能反映企业通过资本和资源运作获得的利润结果，通常都作为绩效衡量指标的一部分。主营业务利润率是企业竞争力和盈利效率的间接表现，国内部分供水公司营业收入高主要是通过垄断经营，大部分企业盈利情况不佳，在分析盈利质量时通常选取主营业务利润率作为衡量标准。另外，净资产收益率的干扰因素为地区经济增长率、行业价格规制、资产负债率，而主营业务利润率的干扰因素为地区经济增长率和营业成本。

②运营能力。

企业通过资本的使用,投资于各项资源,开展各项经营活动,通过交换、创造收益,运营能力会影响利润,同样也是衡量企业生产经营效率的重要指标。

下设分指标为总资产周转率,是通过分析企业资产周转速度进而判断企业资本运作及资源利用能力的大小。总资产周转率的干扰因素为行业价格规制和企业规模,其中行业价格规制会导致企业盲目增加固定资产,减少流动资产,降低总资产的周转率。另外,企业规模可能对总资产的周转率产生一定的影响作用。

③偿债能力。

企业自有资本仅能满足企业生产经营的一部分,为企业持续获得生产所需的资金,运作过程中除了运用股东投资资本外,还会向银行等金融机构借入满足营运所需要的资金。企业承担的负债在一定时期内需要偿还,否则将产生资金链断裂等问题。因此,企业需要不断地创造收益偿还债务及其利息。企业是否有能力偿还债务是判断企业当前的财务状况,以及其能否持久健康发展的关键指标。通常情况下,选取衡量企业长期偿债能力的资产负债率作为分指标。资产负债率的干扰因素为地区经济增长率、总资产周转率、上证指数。

地区经济增长率的提高,一方面表示经济形势趋好,企业的盈利稳定,故企业趋向更大比例的资产负债;另一方面,金融系统在稳定的经济大环境下更有保障,企业贷款更容易。总资产周转率代表着企业资产的流动速度,流动速度越快表示企业经营风险越小,因此,债权人能接受企业更高的资产负债率。

根据蒋美云（2004）对资产负债率研究的观点，上证指数反映着当前的宏观形势，在一定程度上影响企业的偿债能力。

④成长发展能力。

从长远角度分析，企业发展周期的长短及成长变化的程度是判断企业经营是否有效的重要标准。企业不能持久经营，或者成长速度缓慢，从一定程度上说明企业经营的效率是低下的。下设的分指标为营业收入增长率和技术人员比重。前者从企业创造利润能力的角度及资本运作结果的角度来分析企业发展的状况，干扰因素为地区经济增长率和行业价格规制。另外，供水企业仅依靠固定资产或无形资产无法实现长久的发展，企业在发展物质资源的同时应重视人力资源的培养，人才是企业发展的原生动力，人才支持能够帮助企业制定适合的管理体系，以及帮助企业解决未来不确定性的风险，是企业获得发展的重要影响因素。技术人员比重的干扰因素为地区经济增长率和行业价格规制，地区经济发展较好会提高地区教育发展水平，行业价格规制会使企业调整技术人员的数量和比例。

（2）数据说明。

本节所有指标的原始数据均来自《中国统计年鉴》、Wind金融数据库和新浪财经，检验样本的时间区间为 2007—2016 年。选取 2007 年作为起点，一方面基于数据的可获得性；另一方面，随着 2002 年政府出台政策允许民营资本进入城市水务产业后水务民营化逐步放开，经过几年民营化改革，水务政策和监管不断完善，到 2007 年供水企业的民营化融资、运营进入了一定的成熟时期，能有效反映民营化程度对企业绩效的影响。原数据选取 20 家上市供水企业，但由于上市时间的不同及数据的缺失，剔除部分企业后，剩余 14 家上市供水企业的数据作为检验样本。

地区经济增长率指标是从《中国统计年鉴》获得各省及直辖市的 2007—2016 年名义 GDP 和各年消费价格指数。以 2000 年为价格基年，推算出 2007—2016 年的各地实际 GDP，使用环比增长率来衡量各个企业所服务的省份或直辖市的实际经济增长率。

净资产收益率、主营业务利润率、总资产周转率、资产负债率、营业收入增长率 5 个指标来自 Wind 金融数据库，从 2007—2016 年各公司年度财务报告中获得。

技术人员比重、企业规模和营业成本数据来自新浪财经频道，其中技术人员比重取各年技术人员数量与总员工数量的比例，考虑到公司的退休人员可能包含在企业总员工数中，比重结果的准确性有一定的缺失。另外，采用企业总资产的自然对数衡量企业规模。

将供水企业价格规制作为衡量行业规制的指标，将美国的公正报酬率规制作为衡量我国城市供水行业价格规制的指标，这里选取上市企业固定资本与企业员工数的比例来表示。

各项指标的运算结果如表 5-2 所示。

表 5-2　供水企业价格规制指标的描述统计量

指标	N	极小值	极大值	均值	标准差
净资产收益率	117	-1.335	14.775	0.213	1.432
主营业务利润率	117	-1.087	0.945	0.307	0.220
总资产周转率	117	0.001	1.235	0.246	0.217
资产负债率	117	0.021	1.867	0.509	0.234

续表

指标	N	极小值	极大值	均值	标准差
营业收入增长率	117	-0.882	3621.284	32.059	334.787
技术人员比重	117	0.000	0.626	0.141	0.100
民营化程度	117	0.2936	1.000	0.553	0.201
地区经济增长率	117	0.020	0.208	0.109	0.044
行业价格规制	117	2.077	570.871	126.820	144.997
企业规模	117	9.264	14.739	12.405	1.256
营业成本	117	24.75	387457.00	54600.472	61525.075

5.2.2 理论解析与相关假设

以盈利能力为 Y 值进行回归，以城市供水企业民营化对盈利能力影响的假设分析城市供水企业民营化程度对企业绩效的影响，分析 2007—2016 年 14 个上市供水企业的面板数据。

综观国有企业民营化的改革历程，有学者提出民营资本能够刺激企业创造更高的收入，采取措施控制成本，生产效率也在改革过程中出现上升的趋势。因此，民营化程度会对企业生产经营的绩效产生一定的影响。城市供水企业民营资本的进入加强了企业运营的监管，能促使企业维持高效率，获得高收益。故提出如下假设。

假设 1（H1）：城市供水企业民营化程度越高，企业盈利能力越强。

假设 1-1（H1-1）：城市供水企业民营化程度越高，企业的净资产收益率越高。

假设 1-2（H1-2）：城市供水企业民营化程度越高，企业主营业务利润率越高。

5.2.3 模型构建与检验结果

(1) 模型构建。

为全面评价城市供水企业民营化的绩效影响，对 2007—2016 年 14 个上市供水企业的面板数据进行分析，可以从时间和截面两个维度挖掘模型中存在的潜在信息，并且从总指标和分指标两个层面分别考察核心变量民营化对供水企业的绩效影响。同时，根据影响各城市供水企业绩效的其他因素，加入了适当的控制变量。另外，本部分综合考虑个体效应和时间效应，构建双向固定效应模型，简化的计量模型如下，其中行业规制、营业成本两个指标采用自然对数形式。

$$\pi_{it} = \alpha + \beta_1 MYH_{it} + \sum_{j=2}^{k} \beta_j Z_{kt} + \varepsilon_{it} \tag{5-1}$$

其中，i 和 t 分别为企业和时间；π 表示城市水务民营化企业的绩效指标；Z 是民营化以外干扰影响指标的控制变量值；ε 为误差项。依据前面设定的评价指标体系，从盈利能力方面展开研究。

中国城市水务民营化企业的盈利能力计量模型为

$$ZCSYL_{it} = \alpha + \beta_1 MYH_{it} + \beta_2 GDP_{it} + \beta_3 \ln HYGZ_{it} + \beta_4 QYGM_{it} + \varepsilon_{it} \tag{5-2}$$

$$JLL_{it} = \alpha + \beta_1 MYH_{it} + \beta_2 GDP_{it} + \beta_3 \ln YYCB_{it} + \varepsilon_{it} \tag{5-3}$$

净资产收益率（ZCSYL）为盈利能力的第一个被解释变量，民营化程度（MYH）为核心解释变量，地区经济增长率（GDP）、行业价格规制（HYGZ）和企业规模（QYGM）为控制变量，根据之前的假设，民营化影响系数应为正。主营业务利润率（JLL）为盈利能力的第二个被解释变量，民营化程度（MYH）为核心解释变量，地区经济增长率（GDP）和营业成本（YYCB）为控制变量，根据之前的假设，民营化影响系数应为正。

（2）检验结果与分析。

对企业民营化程度与反映盈利能力两个分指标的关系进行分析时，使用 Stata14.0 对面板数据采用双向固定效应模型回归方法进行估计，如表 5-3 所示。

表 5-3　水务民营化企业盈利能力的双向固定效应检验结果

被解释变量	ZCSYL				JLL		
	(1)	(2)	(3)	(4)	(1)	(2)	(3)
MYH	-0.165	0.00494	0.109	-1.588**	0.135	0.148	0.148
	(1.992)	(2.105)	(2.413)	(0.607)	(0.199)	(0.208)	(0.192)
GDP		-7.835	-7.728	-5.285		-0.614	-0.615
		(6.461)	(6.291)	(4.731)		(1.053)	(1.142)
ln HYGZ			0.0496	0.143			
			(0.125)	(0.180)			
QYGM				-0.894			
				(0.556)			
ln YYCB							0.000146
							(0.0263)
Constant	0.0250	1.085	0.807	10.50	0.319***	0.402**	0.401**
	(1.072)	(0.800)	(1.317)	(6.523)	(0.0800)	(0.134)	(0.173)
个体固定效应	YES	YES	YES	YES	YES	YES	YES
时间固定效应	YES	YES	YES	YES	YES	YES	YES
组内 R^2	0.074	0.086	0.087	0.220	0.069	0.073	0.073
F	6.52	1.48	1.50	18.92	10.16	8.33	8.56

续表

被解释变量	ZCSYL				JLL		
F	0.0019	0.2580	0.2479	0.0000	0.0002	0.0005	0.0004
样本数	117	117	117	117	117	117	117

注：① ( ) 内为 P 值，是估计系数的标准误；②以上所有模型均采用聚类—稳健标准误；③*、**、*** 分别表示 10%、5%和 1%水平显著。

①针对城市供水企业民营化程度对盈利能力的第一个分指标——净资产收益率的影响。在回归方程中逐步加入控制变量，可以看出民营化程度对净资产收益率的影响变化较大，说明结果不够稳健。模型（5-1）中，供水企业民营化程度与净资产收益率为负相关性，弹性系数为-0.165，结果并不显著。当逐步加入地区经济增长率、行业价格规制和企业规模时，民营化程度与企业净资产收益率呈显著的负相关关系，弹性系数为-1.588，在5%的水平下显著。实证结果显示，供水企业民营化程度在其他控制因素的综合影响条件下对企业盈利能力的分指标净资产收益率有显著的负向影响，假设1-1得到支持。这与Bhattacharyya等（1994）研究结果的核心内容是一致的，即在研究不同企业所有权和企业生产效率之间的关系时，发现相对国有企业、民营化企业不但在总体效率上没有表现出明显的优势，而且在技术效率上，民营化企业要更低一些。

②针对城市供水企业民营化程度对盈利能力的第二个分指标——主营业务利润率的影响。从回归结果可以看出，随着民营化程度的提高，供水企业的主营业务利润率有所提高，但两者的正相关关系并不显著，t值仅为0.199，弹性系数为0.135。在回归方程中逐步加入地区经济增长率和营业成本作为控制变

量，观察到基本未改变民营化程度对主营业务利润率正向影响的显著程度，假设 1-2 未得到显著支持。

通过总结上述的研究结果，假设检验结果如表 5-4 所示。

表 5-4　假设检验结果

假设	结果
假设 1（H1）：城市供水企业民营化程度越高，企业盈利能力越强	—
假设 1-1（H1-1）：城市供水企业民营化程度越高，企业的净资产收益率越高	成立
假设 1-2（H1-2）：城市供水企业民营化程度越高，企业主营业务利润率越高	不显著

5.2.4　稳健性检验

（1）理论解析与相关假设。

①城市供水企业民营化对运营能力影响的假设。

城市供水企业民营化使得债权人更加强调资产流动性，以此来降低企业的运营风险，结果就是企业的总资产周转率更高。故提出以下假设。

假设 2（H2）：城市供水企业民营化程度越高，企业的总资产周转率越高。

②城市供水企业民营化对偿债能力影响的假设。

与国有企业相比，民营化企业不能得到政府的财政支持，降低企业的偿债能力。同时，面临更大的财务风险和经营压力，这会迫使企业降低资产负债率以降低风险。故提出以下假设。

假设 3（H3）：城市供水企业民营化程度越高，企业资产负债率越低。

③城市供水企业民营化对成长发展能力影响的假设。

鲍莫尔在 1982 年提出可竞争市场理论，该理论认为为增加垄断行业的经营效率，政府可以选择放宽进入规制，吸引更多的企业进入到该行业，完善市场的竞争机制，整体上提升公司的绩效。除此以外，私营企业公司的股东和利益相关人更加重视公司产生的效益及公司资本的使用效率，对企业经营过程中的状态了解得更加及时，对经理人有较强的激励作用，并增加技术人员比重以促使企业生产效率更高。故提出如下假设。

假设4（H4）：城市供水企业民营化程度越高，企业成长发展能力越强。

假设4-1（H4-1）：城市供水企业民营化程度越高，企业的营业收入增长率越高。

假设4-2（H4-2）：城市供水企业民营化程度越高，企业的技术人员的比重越高。

(2) 模型构建。

中国城市水务民营化企业的运营能力计量模型为

$$ZZL_{it} = \alpha + \beta_1 MYH_{it} + \beta_2 \ln HYGZ_{i}t + \beta_3 QYGM_{it} + \varepsilon_{it} \quad (5-4)$$

总资产周转率（ZZL）为运营能力的被解释变量，民营化程度（MYH）为核心解释变量，行业价格规制（HYGZ）和企业规模（QYGM）为控制变量，民营化影响系数应为正。

偿债能力计量模型为

$$ZCFZL_{it} = \alpha + \beta_1 MYH_{it} + \beta_2 GDP_{it} + \beta_3 ZZL_{it} + \beta_4 \ln HYGZ_{it} + \varepsilon_{it}$$

$$(5-5)$$

资产负债率（ZCFZL）为衡量企业偿债能力的被解释变量，民营化程度（MYH）为核心解释变量，地区经济增长率（GDP）、总资产周转率（ZZL）和行业价格规制（HYGZ）为控制变量，民营化影响系数应为负。

成长发展能力计量模型为

$$YSZZL_{it} = \alpha + \beta_1 MYH_{it} + \beta_2 GDP_{it} + \beta_3 \ln HYGZ_{it} + \varepsilon_{it} \quad (5\text{-}6)$$

$$JSRY_{it} = \alpha + \beta_1 MYH_{it} + \beta_2 GDP_{it} + \beta_3 \ln HYGZ_{it} + \beta_5 QYGM_{it} + \varepsilon_{it} \quad (5\text{-}7)$$

营业收入增长率（YSZZL）为成长发展能力的第一个被解释变量，民营化程度（MYH）为核心解释变量，地区经济增长率（GDP）和行业价格规制（HYGZ）为控制变量，根据之前的假设，民营化影响系数应为正。技术人员比重（JSRY）为成长发展能力的第二个被解释变量，民营化程度（MYH）为核心解释变量，地区经济增长率（GDP）、行业价格规制（HYGZ）和企业规模（QYGM）为控制变量，根据之前的假设，民营化影响系数应为正。

（3）检验结果与分析。

①城市水务民营化企业的运营能力检验结果与分析。

对企业民营化程度与反映运营能力分指标的关系进行分析，采用双向固定效应模型回归方法对面板数据进行估计，如表5-5所示。

表5-5 水务民营化企业运营能力的双向固定效应检验结果

被解释变量	ZZL		
	(1)	(2)	(3)
MYH	0.316	0.270	0.406*
	(0.291)	(0.253)	(0.199)
ln HYGZ		-0.0215	-0.0289
		(0.0336)	(0.0336)

续表

被解释变量	ZZL		
QYGM			0.0733
			(0.0592)
Constant	0.0829	0.197	-0.708
	(0.160)	(0.162)	(0.641)
个体固定效应	YES	YES	YES
时间固定效应	YES	YES	YES
组内 R^2	0.118	0.130	0.207
F	7.91	5.15	143.69
	0.0008	0.0048	0.0000
样本数	117	117	117

注：① ( ) 内为 P 值，是估计系数的标准误；②以上所有模型均采用聚类—稳健标准误；③ * 、 ** 、 *** 分别表示 10%、5%和 1%水平显著。

城市供水企业民营化程度对运营能力的总资产周转率的影响，从表 5-5 的回归结果（1）（2）中可以看出企业民营化程度的加深确实提高了供水企业的总资产周转率，弹性系数分别为 0.316 和 0.270，但结果未通过显著性检验。当加入企业规模作为控制变量时，企业民营化程度与总资产周转率呈正相关关系，并且通过显著性检验，说明民营化程度在企业规模和行业价格规制等综合性影响的条件下才能对企业运营能力产生显著推动作用，假设 2 得到支持。

②城市水务民营化企业的偿债能力检验结果与分析。

对企业民营化程度与反映偿债能力分指标的关系进行分析，采用双向固定效应模型回归方法对时间和截面两个维度的面板数据进行估计,如表 5-6 所示。

表 5-6 水务民营化企业偿债能力的双向固定效应检验结果

被解释变量	ZCFZL			
	(1)	(2)	(3)	(4)
MYH	-0.512	-0.528	-0.504	-0.590
	(0.427)	(0.422)	(0.421)	(0.405)
GDP		0.742	0.771	0.685
		(0.797)	(0.862)	(0.836)
ZZL			-0.0781	-0.107
			(0.397)	(0.373)
ln HYGZ				-0.0449
				(0.0324)
Constant	0.792**	0.691*	0.694*	0.947**
	(0.294)	(0.354)	(0.354)	(0.426)
个体固定效应	YES	YES	YES	YES
时间固定效应	YES	YES	YES	YES
组内 R^2	0.115	0.119	0.122	0.150
F	9.12	6.60	43.86	43.61
	0.0004	0.0016	0.0000	0.0000
样本数	117	117	117	117

注:①( )内为 P 值,是估计系数的标准误;②以上所有模型均采用聚类—稳健标准误;③*、**、***分别表示 10%、5%和 1%水平显著。

探究城市供水企业民营化程度对偿债能力的资产负债率的影响,从表 5-6 的回归结果(1)~(4)可以看出企业民营化程度对供水企业的资产负债率的影响系数都为负,在加入地区经济增长率、总资产周转率和行业价格规制的控制变量后,弹性系数的符号未改变,说明供水企业民营化程度的提高有降低企业资产负债率的趋势,但结果未通过显著性检验。假设 3 未得到显著性支持,证明民营化程度与企业偿债能力之间存在负相关影响，但影响并不十分明显。

③城市水务民营化企业的成长发展能力检验结果与分析。

对企业民营化程度与反映成长发展能力两个分指标的关系进行分析，采用双向固定效应模型回归方法对分指标的面板数据进行估计，如表 5-7 所示。

表 5-7　水务民营化企业成长发展能力的双向固定效应检验结果

被解释变量	YSZZL				JSRY			
	(1)	(2)	(3)	(4)	(1)	(2)	(3)	(4)
MYH	-1150**	-1143**	-1250***	-1382***	0.235	0.247	0.309***	0.328***
	(448.8)	(444.1)	(392.2)	(316.1)	(0.146)	(0.150)	(0.0995)	(0.0872)
GDP		-307.1	-415.9	-226.7		-0.543	-0.479	-0.506
		(756.0)	(790.0)	(846.3)		(0.378)	(0.368)	(0.360)
ln HYGZ			-50.69*	-43.45**			0.0298***	0.0287***
			(24.74)	(19.48)			(0.00649)	(0.00728)
QYGM				-69.21**				0.00993
				(25.27)				(0.00677)
Constant	863.6*	905.2*	1189*	2018***	0.0133	0.0868*	-0.0802*	-0.199**
	(434.4)	(494.3)	(554.9)	(631.0)	(0.0760)	(0.0447)	(0.0387)	(0.0679)
个体固定效应	YES	YES	YES	YES	YES	YES	YES	YES
时间固定效应	YES	YES	YES	YES	YES	YES	YES	YES
组内 R^2	0.232	0.232	0.247	0.262	0.170	0.188	0.272	0.277
F	82.83	55.77	62.53	3830.66	3.97	10.23	16.73	338.69
	0.0000	0.0000	0.0000	0.0000	0.0148	0.0002	0.0000	0.0000
样本数	117	117	117	117	117	117	117	117

注：① ( ) 内为 P 值，是估计系数的标准误；②以上所有模型均采用聚类—稳健标准误；③ *、**、*** 分别表示 10%、5% 和 1% 水平显著。

第一，城市供水企业民营化程度对其成长发展能力的第一个分指标——营业收入增长率的影响进行分析，从表 5-7 的

(1) 结果中可以看出，供水企业民营化程度与营业收入增长率呈负相关关系，并且结果在5%的水平下显著，说明民营化程度越高，供水企业的营业收入增长率越低。在回归方程中逐步加入控制变量，从表5-7的（2）（3）（4）可以看出民营化程度对营业收入增长率一直保持负向影响，检验结果更加显著（1%），这表明回归结果具有较好的稳健性。从变量间关系检验结果来看，供水企业民营化与营业收入增长率呈显著负相关关系，同时，行业价格规制和企业规模也对营业收入增长率呈负向影响作用，与假设4-1结果正好相反。

第二，城市供水企业民营化程度对成长发展能力的第二个分指标——技术人员比重的影响进行分析。从表5-7的回归结果（1）（2）可以看出，随着民营化程度的加深，供水企业的技术人员比重有所提高，但两者的正相关关系并不显著，t值仅为0.146和0.150。在回归方程中逐步加入行业价格规制和企业规模作为控制变量，观察到民营化程度对技术人员比重的正相关关系变为1%水平下的强显著，假设4-2得到显著支持。

(4) 稳健性检验结果。

结果如表5-8所示，经过系数显著性检验之后，主要研究的实证结果没有明显变化，与前文所得出的结论相一致。

表5-8 稳健性检验结果

假设	结果
假设2（H2）：城市供水企业民营化程度越高，企业的总资产周转率越高	显著支持
假设3（H3）：城市供水企业民营化程度越高，企业资产负债率越低	不显著
假设4（H4）：城市供水企业民营化程度越高，企业成长发展能力越强	—

续表

假设	结果
假设4-1（H4-1）：城市供水企业民营化程度越高，企业的营业收入增长率越高	不成立
假设4-2（H4-2）：城市供水企业民营化程度越高，企业的技术人员的比率越高	显著支持

5.2.5　实证结论分析

本部分选取2007—2016年我国沪深两市14家上市水务企业的面板数据作为研究对象，采用双向固定效应模型分析核心解释变量——民营化程度对企业各绩效指标的影响，构建了企业盈利能力、运营能力、偿债能力和成长发展能力4个总指标评价上市供水企业绩效。研究发现，第一，城市供水企业民营化程度越高，企业的总资产周转率越高，对企业运营能力有显著的推动作用，并且企业有提高技术人员比重的趋势，对企业未来的成长发展能力也有部分的推动作用。企业民营化程度提高后，私有债权人和机构一方面为降低企业运营风险会增加企业的流动资产；另一方面企业流动资产比例较高预示着企业运营风险低，这又会吸引更多的民营资本进入，导致企业更高的总资产周转率。第二，根据检验结果得出随着供水企业民营化程度的加深，对企业净资产收益率和营业收入增长率都有一定抑制作用，也对企业盈利能力和成长发展能力的提高有一定的抑制作用。可以认为各地区的水务具有明显的公有事业性，针对个体企业都有较强的价格规制和进入规制，而且水务技术在长期内很难得到有效提高，依赖民营化的技术提高程度更为有限，正如Newbery（1999）认为，对于公用事业类企业，产权安排不是直接影响企业绩效的因素，真正决定企业绩效的是规制质量。第三，根据本章研究结果显示，民营化对主营业务利润率的提高具有一定的促进作用，总体上民营化程度对供水企业的盈利能力产生影响。此结果与国内学者得出的民营化对增加供水企业利润具有显著影响的结论基本一致。通过分析我国城市民营化供水企业绩效的影响因素可知，除企业的核心变量外，公共事业规制的压力及债权人投机的成分较重，忽视了企业的监管和控制等因素对其经营绩效的影响。例如，Frydman、Gray等认为民营化供水企业能否提高绩效取决于将所有权给予内部人员还是将所有权给予外部投资人。本书将在后续的研究中针对政府规制的效率与效果进行研究。

第 6 章

我国城市供水行业政府环境规制效率的实证研究

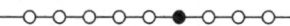

改革开放以来，随着中国城镇化进程的加快，以政府投资为主的水污染治理项目已无法满足日益增长的水处理需求。2016年，国务院发布的《"十三五"生态环境保护规划》中提出要精准发力提升水环境质量。2017年，多部门联合印发的《重点流域水污染防治规划（2016—2020年）》也指出，为开展水污染防治工作，全国各部门和重点区域推广协作机制，成为世界污水处理能力最大的国家之一。但我国工业化、城镇化、农业现代化的任务尚未完成，"十三五"时期水环境保护仍面临巨大压力。因此，城市供水行业政府规制引起了实务界与理论界的高度关注。本章通过研究2006—2015年城市供水行业政府规制相对效率，采用超效率DEA（以下简称SE-DEA）模型对城市供水行业政府环境规制的综合效率进行了研究，最后提出了关于城市供水行业政府环境规制的政策建议。

6.1 城市供水行业的特征及其规制的多重性

6.1.1 城市供水行业的特征

城市供水行业的生产过程包括取水、输水、水处理和配水4个环节。具体是指，抽取江河、湖泊、水库或者地下水，并输送到自来水加工厂，自来水加工厂再将输送过来的原水进行消毒净化处理，达到相应的水质要求后，通过水压和自来水管道网，将自来水输送给居民与企业。另外，污水处理也被纳入城市供水范畴，它是指将经消费者使用的废污水通过下水道输送到污水处理厂，再加以环保净化后排回江河湖海的业务。供水行业实际上属于公用事业的范畴，其最主要的特点是自然垄断性、公益性和外部性。

第一，自然垄断性。供水行业的固定资产投资额大、投资回报周期长、沉淀成本高、资产专用性强，同时还具备规模经济性与范围经济性等特点。从技术经济的角度看，供水行业存在成本的劣加性，尤其是管网输水环节，具有自然垄断性。具体表现为：某一地区的自来水由一家企业提供，往往比两家或者两家以上企业提供具有更高的生产效率。由于供水行业在整个社会中具有十分重要的地位，与人们的生活与工业生产息息相关，为充分发挥其生产的规模经济性，供水行业往往采取垄断经营。供水行业具有其他行业不具备的不可替代的特殊性，虽然目前供水行业的投资趋向于多元化发展，但我国供水行业的市场化仍处于起步阶段，部分地方政府仍对供水经营采取垄断运营，通过国家资产完成供水项目的实施。

第二，公益性。供水行业提供的自来水是为每一个人服务的。自来水是人们生存的必需品，属于准公共品范畴，具有公益性的特征。我国主要依靠国有资本实现城市供水的运营，通过地方财政实现和完善城市供水，属于行政事业管理的一部分，收取的用水费用纳入行政事业收入。我国为实现经济的可持续发展，为提高人民的整体生活水平，对供水行业提供了相应的财政支持，如为鼓励投资采取财政贴息，通过国债转贷加大市场投资信心等。随着供水行业民营化进程的不断推进，我国市场经济中由供水行业公益性特征带来的矛盾，以及解决消费者只能被动接受已确定的且不会受到市场供需影响的价格而导致的市场机制不灵活的问题需要政府加以规制。

第三，外部性。供水属于公共事项的一部分，供水行业属于市政公用事业，同时也是社会的基础性产业，对社会经济的健康发展起到一定的推动作用。在供水行业发挥正外部性的同时，工厂直接排污导致的水环境污染等负外部性对市场产生了严重的破坏。政府在鼓励供水行业市场化的过程中应注意监督并控制企业对环境的负面影响。

6.1.2 城市供水行业规制的多重性

基于供水行业具备的垄断性和公益性的特点，要求规制部门对供水行业进行多重规制。以进入规制来限制供水企业的数量，充分发挥供水企业生产的规模经济性，同时避免资源浪费，如输水管网的重复建设等；从价格的角度进行规制，通过限制定价防止供水企业垄断行为，侵害消费者利益，使其履行公益性职能；以质量规制来保证供水安全，防止水污染，保证人们饮水安全；从环境的角度进行规制，保护水资源，通过规制控制水质下降的问题，缓解水污染问题。世界各国都对供水行业采取了多重规制措施，规制措施涉及供水生产的方方面面。

6.2 城市供水行业政府环境规制效率评价

这里以不同年份为个体进行比较与评价，采用超效率 DEA（简称 SE-DEA）模型对我国城市供水政府规制相对效率进行评价。

6.2.1 决策单元与指标选取

选取 2006—2015 年我国环境统计数据作为城市供水政府规

制效率评价的依据，并以不同年份为决策单元（DMU）。

城市供水政府规制效率评价指标体系的建立是进行科学评价的基础。借鉴吴国琳（2004）关于水体污染的主要污染源指标及张红凤和张细松（2012）的环境规制效率评价指标体系，并参考北京师范大学经济与资源管理研究院和国家统计局中国经济景气监测中心（2014）中国省际绿色发展指数指标体系，结合我国实际情况，构建了我国城市供水政府规制效率评价指标体系，如表6-1所示。

表6-1 基于国家层面的城市供水政府规制效率评价指标体系

一级指标	二级指标	三级指标	四级指标
我国水资源环境规制效率评价指标体系	水资源环境规制投入指标	人力投入指标	环境行政主管部门的人数/人
		财力投入指标	环境污染治理投资总额/亿元
			环境污染治理投资率[①]/%
			工业污染源治理废水投资/亿元
	水资源环境规制产出指标	污染控制指标	城市污水处理率/%
		环境质量指标	废水排放总量/亿吨
			化学需氧量COD排放量/万吨
			氨氮排放量/万吨
			工业废水排放量/亿吨
			城镇生活污水排放量/亿吨

6.2.2 数据收集与处理

数据主要来源于《中国统计年鉴》《中国环境年鉴》《中国环境统计年鉴》《中国环境统计年报》等资料中2006—2015年

---

① 环境污染治理投资率是投资总额占国内生产总值比重。

相关水资源数据。考虑到 SE-DEA 是相对效率的评价，对数据进行定基化处理，剔除通货膨胀的影响。通过 2006—2015 年固定资产投资价格指数①折算得出各年新增环境治理投资总额。

6.2.3 综合效率评价

利用软件 MATLAB9.0，对 10 个决策单元的相对效率进行计算，评价结果如表 6-2 所示。

表 6-2　2006—2015 年我国城市供水政府规制相对效率评价结果

年份	2006	2007	2008	2009	2010	2011	2012	2013	2014	2015
综合效率值（θ）	1.41	0.96	0.92	0.94	1.09	1.11	1.02	1.01	1.06	1.27

由表 6-2 可知，我国城市供水政府规制投入有效的年份依次是 2006 年、2010 年、2011 年、2012 年、2013 年、2014 年、2015 年，其余年份效率值小于 1，相对效率不高，存在投入冗余或产出不足的问题。

通过相对效率分析可知，2006—2015 年的我国城市供水政府规制相对效率呈 W 形，虽然我国政府在环境规制方面的投资总额在逐年增加，污染的治理能力在提高，环境质量也有所改善，但城市供水政府规制效率仍需加强。

6.3　基于环境库兹涅茨曲线的环境规制绩效实证检验

通过人均 GDP 与城市水务污染估算出符合我国实际情况的环

---

① 固定资产投资价格指数（FAIPI）是反映一定时期内固定资产投资及取费项目价格变动趋势和程度的相对数。2006—2015 年 FAIPI 分别为 101.6、101.5、103.9、108.9、97.6、103.6、106.6、101.1、100.3、100.5。

境库兹涅茨曲线（Panayotou，1996），并通过修正后的环境库兹涅茨曲线检验我国是否存在为发展经济而牺牲城市水务的情况。

环境库兹涅茨曲线表示环境与经济发展之间呈倒 U 形关系，即人均收入达到一定水平能改善环境质量。但 Dasgupta 等（2002）提出修正的环境库兹涅茨曲线，即环境规制实施的强度会影响环境库兹涅茨曲线的形状。

参照 Grossman 和 Krueger（1991）[1] 的研究方法，分析符合我国实际情况的环境库兹涅茨曲线。采用简约估计方程形式，对经济发展与工业废水、城镇生活污水、集中式污染治理设备废水三者污染物排放的关系进行环境库兹涅茨曲线的拟合。数据来源于《中国统计年鉴》《中国环境年鉴》《中国环境统计年鉴》中 2006—2015 年 31 个省份工业废水、城镇生活污水、集中式污染治理设备废水资料。模型设定为

$$\ln Y_{it} = \alpha + \beta_1 \ln X_{it} + \beta_2 (\ln X_{it})^2 + \beta_3 (\ln X_{it})^3 + \beta_4 Z_{it} + \mu_i + \upsilon_t + \varepsilon_{it}$$

其中，Y_{it} 是人均污染物排放，包括工业废水 [Ln(aIWW)]、城镇生活污水 [Ln(aMWW)]、集中式污染治理设备废水 [Ln(aCWW)]；X_{it} 是人均 GDP [Ln(aGDP)]；Z_{it} 是相关的控制变量，即人口密度（人/平方千米）、工业化率（工业增加值/第一产业增加值）、城镇化率（城镇人口/总人口）；ε_{it} 为残差项。为观察经济发展与城市水务污染的统计关系，仅控制省份（μ_i）和年份（υ_t）双向的固定效应。同时，估计人均 GDP [Ln(aGDP)] 及其平方项 [$\ln^2$(aGDP)] 和立方项 [$\ln^3$(aG-

---

[1] Grossman G M, Krueger A B. Environmental Impacts of a North American Free Trade Agreement [J]. Social Science Electronic Publishing, 1991, 8 (2).

DP)], 根据估计系数的 t、R^2 和 F 统计值来判断是否存在统计关系。回归结果如表 6-3 所示。

表 6-3 人均 GDP 与水污染排放的估计结果

	Ln(aIWW)	Ln(aMWW)	Ln(aCWW)
Ln(aGDP)	−37.20*** (−5.76)	−15.42*** (−2.20)	6.77*** (4.79)
Ln^2(aGDP)	3.56*** (6.78)	1.35*** (2.81)	−0.96*** (−3.43)
Ln^3(aGDP)	−0.16*** (−6.97)	−0.02*** (−2.91)	—
常数项	122.68*** (6.06)	74.93*** (2.14)	−27.75*** (−3.73)
R^2	0.72	0.84	0.93
F 值	11.79	23.07	25.13
样本量	479	412	87

注：***表示在1%水平下显著，括号内为t值。

表 6-3 的回归结果表明，人均 GDP 与工业废水 [Ln(aIWW)]、城镇生活污水 [Ln(aMWW)] 存在显著的三次项关系，与集中式污染治理设备废水 [Ln(aCWW)] 存在显著的二次项关系。根据回归结果，绘制了拟合曲线以观察城市水务质量与经济发展之间的关系，如图 6-1 所示。

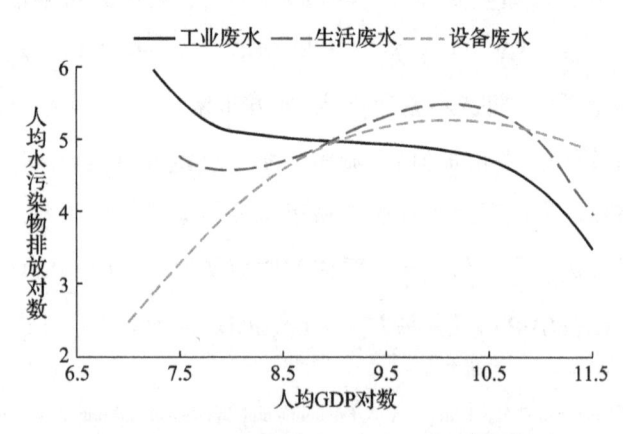

图 6-1 人均水污染排放与人均 GDP 拟合曲线

图 6-1 表明我国城市水务污染情况与经济发展呈倒 U 形关系，但并不是完全光滑倒 U 形曲线。与倒 U 形的 EKC 曲线比较，我国的城市水务污染状况呈现出轻微的 N 形，说明政府规制并没有达到抑制城市水务污染的预期目标。

环境污染治理是环境已遭到一定破坏后的事后治理。在环境接近生态阈值的情况下，治理行为很难将环境恢复到原状。因此，环境规制政策对城市水务污染的影响需结合实际情况，应充分考虑利益相关方之间的关系。

6.4 我国城市供水行业政府环境规制效率的实证结果分析

通过 SE-DEA 模型分析表明，我国城市供水政府规制投入的增加并没有达到预期目标。

基于以上分析结论，建议政府应充分考虑环境承载力，放弃粗放型经济增长模式，改变 GDP 政绩观，依靠先进技术，实现产业结构升级，实现经济增长与环境协调发展。在制定环境规制政策时，国家应加大对污水排放违规行为的惩罚力度。同时，应完善社会监督机制，提升社会公众对水污染监督的参与度，保持监管渠道通畅，降低社会监督成本，以壮大外部监督力量，促使政府部门进行积极的执法监管，进而实现城市供水政府规制效率的提升。

第 7 章

我国城市供水行业政府规制效果评价研究

7.1 我国城市供水行业政府规制效果评价模型基础

7.1.1 城市供水价格收益率规制模型基础

(1) 价格收益率规制与 A-J 效应。

价格规制作为规制的主要手段，一直是学术界所关注的重点。经过实践，我国城市供水行业现行的价格规制是围绕收益率为标准制定的。收益率规制的制定使固定资产投入能保持在一个合理的收益率区间内，确保企业收回全部资产投入，同时使供水企业按固定收益率获得额外的经济利润。基于此，供水企业确定市场水价。收益率价格规制的核心思想是通过基于平均成本制定价格，内容为

$$TR = TVC + sK \tag{7-1}$$

式（7-1）中的 TR 表示供水企业的总收益，TVC 表示供水企业总可变成本，s 表示价格规制所决定的资产的固定收益率，K 表示供水企业的总资本投入。在这里还需要进一步说明的是，这里的 K 包括了自有资本和负债资本，s 由此可知受股东投入资金产生的利润及举债产生的利息两方面的影响。

收益率价格规制并不是直接限制企业产品的价格，而是对企业投入的固定资本的收益率加以限制，使固定资本投入能够获得确定且合理的收益率。但是当采用收益率规制时，供水企业在控制固定资本收益率的基础上，每增加一个单位的固定资本，水价格会相应提升，其产生的利润也随之增加，因此供水企业没有采取有效措施控制或降低成本。反而，供水企业会因

该规制而倾向于使用更多的固定资本投入。也就是在供水量一定时,供水企业会使用较少的劳动,而投入更多的固定资本。各项要素的投入组合形成高成本且无效的结果,这一效应即为A-J效应。

(2) 收益率规制下城市供水企业要素配置选择。

以下将分析供水企业的投入要素选择行为与收益率价格规制两者间的相互关系,运用模型和图示实现两者关系的可视化。假设在生产过程中,供水企业只使用资本和劳动这两种生产要素,且 r 代表资本价值,w 代表劳动力的价格,劳动和资本的价格比(w/r)为边际技术替代率 $MRTS_{KL}$,供水企业生产业务仅涉及水业务,水价记为 P,自来水的生产函数表示为 Q(K, L),则供水企业所得的利润 π 为

$$\pi = PQ(K, L) - wL - rK \tag{7-2}$$

当价格规制确定了水务行业的固定资本收益率 s 后,收益率规制下的约束条件变形为

$$\frac{PQ(K, L) - wL}{K} \leq s \tag{7-3}$$

通过分析式(7-2)与式(7-3)可以得出 s>r 一定成立。因为如果 s<r,资本不会进入供水企业。而如果 s=r,企业的净利润为零,企业不会关心劳动与资本的投入。

假设供水行业为垄断行业,提供单一产品自来水,供水量即为 Q^*,曲线 $Q=Q^*$ 代表了企业的一条等产量线,AB 代表了企业的成本约束线。可以知道企业将选择等产量线 $Q=Q^*$ 与成本约束线 AB 的切点 E 代表的要素组合进行生产,L 代表劳动资源的投入值,K 代表资本资源的投入值,但当实施了收益率规

制以后，企业使用资本的实际价格将会降低。从企业的角度来看，(K，L) 不再是企业投入要素的最优组合。当使用资本的实际价格下降，A′B′线代表了企业的新成本约束线，此时成本约束线和产量线相切于另一点 F 处。F 点对应的实际资本投入量为 K′，由图 7-1 能够看出 F 点处的资本投入量 K′超过了 E 点处的最优资本投入水平 K。经过 F 点作一条平行于约束线 AB 的直线 CD，能够看出，在产量恒定且为 Q^* 时，受收益率规制的影响，总生产成本会更高，成本的增加值为成本线 AB 与 CD 之间的距离。

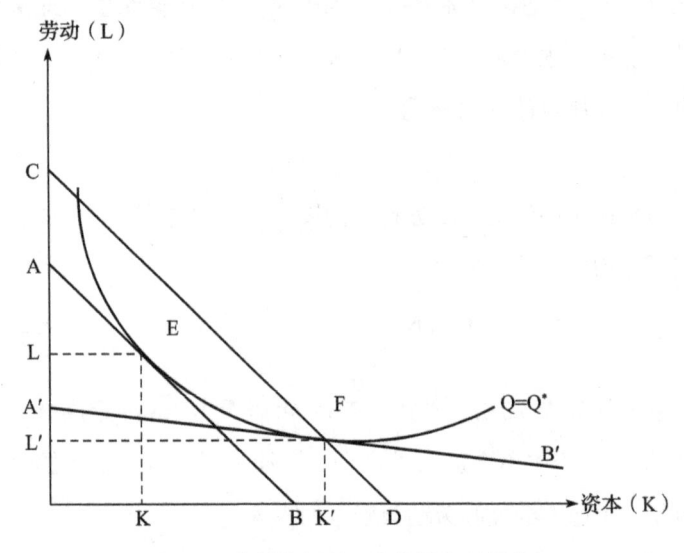

图 7-1 收益率规制下企业要素配置选择

7.1.2 城市供水行业放松进入规制模型基础

城市供水行业具有自然垄断性、公益性、区域性等特征，放松进入规制反映出供水行业的市场化程度。实行放松进入规制政策，使具备适当竞争力的企业进入自然垄断行业，可以发挥竞争机制的作用，提高行业的生产效率。

本部分主要的评价对象是进入规制，衡量政府放宽进入规制的效果。因此，民营资本与外国资本对供水企业的投资是判断规制放宽进入规制强度的核心因素，公式为

$$i = (NC + FC)/GV \qquad (7-4)$$

式（7-4）计算结果 i 值的大小说明放宽进入规制的程度，i 值大说明规制强度高，反之说明强度弱。式（7-4）以供水行业作为垄断行业为前提，其中 GV 代表国有资产所占比重，NC 代表行业中民营资本占比，FC 代表外国资本占比，NC 和 FC 二者之和代表了自然垄断行业中非国有资产所占的比重。

7.1.3 城市供水行业政府规制对企业影响的目标假设

规制效果反映了规制目标的实现程度，在对规制效果进行评价前，需要事先明确政府的规制目标。由于城市水务的自然垄断特性，引起了市场失灵问题，损害了社会福利，降低了资源的配置效率，政府亟须制定规制解决当前问题。政府通常从经济和社会两个角度制定相应制度，结合供水业务的特征，经济性规制方式最为常用，且以价格规制和进入规制为主。

综观现有学者对供水行业规制目标的假定可知，部分学者针对供水业务提出规制目标表现在行业和社会两个层面。一是行业层面，规制目标是促进水务行业的生产效率提高。二是社会层面，规制目标是鼓励水务资本投入，满足日益增长的用水需求。部分学者提出供水业务具有垄断性，其规制目标制定应

综合考虑为供水企业获得的适当且合理的收益提供保障，以及供水企业能够满足社会需求，且生产运营成本最低等方面。

结合现有文献和对供水行业特征的分析，供水行业的规制目标应包括以下两个方面。首先，保障供水企业生产经营取得的合理收益，利润是驱动企业按要求和标准生产经营的动力，行业需要持续发展并满足企业的基本目标。其次，规制政策需要对供水企业生产经营的效率提供保障，适用于整个行业的效率的规制目标也是其统一的标准。

基于合理的假设前提，如果规制政策对供水企业的影响与规制目标假设相吻合或接近，则表明规制具有良好的政策效果。但如果规制改革对供水企业的影响与规制目标假设不一致，则代表规制失灵，需要进行规制改革。因此，可以建立规制效果评价模型来检验规制目标的实现程度。

7.2 我国上市供水企业政府规制效果的实证研究

本章将实证考察我国规制政策对供水企业绩效的影响。借鉴大多数研究的做法，将政府规制简化为价格规制和进入规制两方面进行实证研究，而对环境规制和质量规制等不进行分析。

供水企业是规制政策的直接作用对象，也是研究城市水务行业规制政策效果的最优选择主体。本章将选择供水企业作为研究对象，使用水务上市公司的面板数据。通过选取价格规制和进入规制的代理变量，来研究现行规制政策对供水企业绩效的影响。

鉴于数据的可获得性和准确性方面的考虑，选取水务上市公司作为研究对象。但由于水务上市公司经营的多元性，大多数上市公司没有涉及具有垄断特征的自来水业务，本书将这些水务公司予以剔除。通过对沪深两市 73 家水务上市公司进行检索，发现只有 12 家水务上市公司将自来水销售作为主营业务，从数据的可获得性和准确性角度考虑，将研究主体限定为这 12 家水务上市公司。同时，考虑到水务公司上市的时间和数据的可获得性，选取每个公司 2008—2017 年的数据进行分析。

7.2.1　指标选取

（1）政府规制指标。

理想的规制变量应该是规制实施前后的 0~1 虚拟变量或者是规制的行为变量。但具体到我国的城市水务产业，既不存在明显的规制前后节点，也没有披露出相应的规制行为数据。因此，无法通过其做法来反映规制改革。企业的行为在一定程度上能反映规制政策的约束力大小及强度的高低。通常规制效果的衡量主要依据是选择判断规制强度的高低，通过测量企业在规制强度下的行为成了研究规制效果的一种比较可行的方法，同时这也是本书现在研究规制政策效果的重要实证方法。下面，将选取企业的行为变量作为规制的代理变量。

对于价格规制，由前文的分析可知，我国现在采取的是固定资产的收益率规制方法。而收益率规制会影响企业的要素选择行为。因此，在选择价格规制的代理变量时，通常以投入为出发点，劳动与资本的投入比例作为价格规制的代理变量。但由于上市水务公司主营业务的多元性，从上市公司财务报表中，难以获得自来水业务的劳动与资本投入数据，所以放弃使用这一指标。Aubert和Reynaud（2005）选择水价作为价格规制变量分析价格规制改革对供水产业成本效率的影响。借鉴这一方法，本章选取上市公司总部所在地的水价作为价格规制的代理变量。

选取进入规制的代理变量时，查阅相关文献发现有三类指标经常被使用。一是使用水务产业的总投资额中私有投资与国有投资之比作为进入规制的代理变量，二是以新加入公司与现存公司的比例来表示，三是以公司现有的资产总额与产成品的公允价值的比例来表示。具体到本书的研究对象，对于第一类指标，无法将国有资本投资与私有资本投资从总投资中筛选出来，因此无法使用这一指标。对于第二类指标，由于本书以上市公司作为研究对象，公司的数量不适用于规制分析，该指标不作为进入规制的代理变量。而第三类指标相较于前两者更优，该指标不存在以上问题，作为进入规制的代理变量的最终选择。结合各公司的实际资料，理想进入规制的代理变量为上市自来水业务中非国有股份与国有股份的比例。但由于上市公司自来水业务的国有股份与私有股份的数据无法获得，在这里我们用水务上市公司的非国有股份与国有股份的比例来近似的作为进入规制的代理变量。

（2）公司绩效指标。

学术界并没有对公司的绩效做出统一的定义，部分学者认为公司绩效是指公司目标的实现程度，也有学者提出绩效就是公司的业绩和生产率。综合规制改革的目标和绩效的内涵，分别从上市公司自来水业务的利润率和生产效率两个方面来构建指标，通过数量关系来衡量公司经营的效率，经营成果选取利润的指标来衡量，生产效果选取生产效率来衡量。

研究公司的绩效时，较多的学者选择托宾 Q 值和净资产收益率。托宾 Q 值主要说明公司经营过程中的综合效益，结合我国资本市场尚不健全的情况，无法将托宾 Q 值准确地计算出来，所以托宾 Q 值不予采用，转而考虑使用净资产收益率（ROE）作为公司绩效的代理变量。但是，水务上市公司的经营业务是多元化的，自来水业务只是上市公司业务的一部分，如果使用上市公司的净资产收益率，会低估规制政策对自来水业务利润率的影响。所以，选择自来水业务的利润率作为衡量绩效的第一个指标。

对于衡量企业生产效率的指标，基于之前对 A-J 效应的研究，企业生产要素投入的最佳比例会受收益率规制的影响，在产量固定不变的情况下造成产品成本过高，生产效率下降的结果。所以，可从生产成本的角度考察生产的有效性，具体考察价格规制与进入规制对自来水业务单位水成本的影响。

综上所述，以自来水业务的利润率来反映水务业务的生产经营状况，使用自来水业务的单位水成本来反映水务生产的有效性。

（3）控制变量设定。

本章的计量模型将采用控制变量的方法。对公司绩效产生影响的一些变量，如企业的规模、资产负债率等都会受到规制变量的影响。如果将这些变量加以控制起，会阻断规制变量到公司绩效的因果路径，使估计结果产生偏差。因此，选取的控制变量仅限于相对外生的变量和发生在规制政策实施之前的变量。所以仅对企业成立的时间加以控制，即通过公司生产经营周期的长短来衡量。公司生产经营的周期与内部因素变化的概率存在紧密的关系。一方面，公司生产经营的周期增加，公司在技术沉淀、人才优势、管理经验等方面会更具优势；另一方面，公司成立时间的越长，公司的负担也会越重。例如，设备的老化、技术落后等问题，与新成立的公司相比，在这些方面老公司不具有竞争优势。因此，将对公司成立时间加以控制。

同时，对于遗漏变量的处理，加入个体固定效应，解决只与个体有关而不随时间变化的遗漏变量问题。

7.2.2 数据来源与说明

这里选取了中国12家城市水务上市公司2008—2017年的数据，这12家水务上市公司具体为江南水务、绿城水务、启迪桑德、钱江水利、首创股份、兴蓉环境、中山公用、重庆水务、渤海股份、瀚蓝环境、洪城水务、国中水务。共选取每个上市公司10年的数据，得到了一组面板数据。利用面板数据分析方法，从公司层面进行实证检验。其中，上市水务公司数据来源于Wind数据库、上市公司年度财务报表、上市公司的招股书和中国水网。根据上节的分析，用上市公司自来水业务的利润率和自来水业务单位水的成本指标来考察政府对城市水务的规制效果。通过实证分析的结果为国家规制政策的完善给予一定的参考依据，指标说明如下。

(1) 进入规制。

通过利用上市公司自来水业务的非国有股份与国有股份之

比（ER）衡量进入规制的效果。但是限于上市公司自来水业务的资本结构数据难以获得，这里以上市水务公司的"非国有股"除以"国有股"来近似作为水务进入规制的代理变量，如表 7-1 所示。其中，存在的缺失值代表了当时企业未上市。

表 7-1 进入规制的原始数据

年份 公司	2008	2009	2010	2011	2012	2013	2014	2015	2016	2017
江南水务	—	—	—	0.585	0.585	0.585	0.585	0.551	0.564	0.574
绿城水务	—	—	—	—	—	—	—	0.666	0.666	0.666
启迪桑德	1.227	1.227	1.227	1.227	1.237	1.223	1.225	1.436	1.462	1.19
钱江水利	0.784	1.004	1.067	1.067	1.067	1.067	1.067	1.275	1.275	1.079
首创股份	0.609	0.67	0.67	0.67	0.67	0.67	0.672	0.828	0.833	0.833
兴蓉环境	—	—	0.913	1.275	1.312	1.378	1.378	1.375	1.375	1.375
中山公用	0.355	0.353	0.353	0.353	0.353	0.353	0.875	1.041	0.997	0.997
重庆水务	—	—	0.129	0.129	0.129	0.129	0.129	0.129	0.129	0.129
渤海股份	—	—	—	—	—	—	1.445	1.547	1.547	1.547
瀚蓝环境	2.541	2.541	2.541	2.541	2.541	1.528	1.6	1.78	1.78	1.78
洪城水业	0.919	1.123	1.123	1.301	1.301	1.301	1.301	1.301	1.17	1.17
国中水务	1.895	1.895	1.895	1.895	2.142	2.142	2.148	2.532	2.532	2.532

（2）价格规制（PR）。

借鉴 Aubert 和 Reynaud 的做法，以上市公司总部所在地的居民水价作为价格规制的代理变量，同时剔除价格因素变动带来的影响，以 2008 年为基期，用生产者出厂价格指数对各地自来水价格进行平减，其中居民水价由中国水网查询所得，生产者出厂价格指数数据来自《中国统计年鉴》，如表 7-2 所示。

表 7-2 价格规制的原始数据

单位：元/立方米

年份 公司	2008	2009	2010	2011	2012	2013	2014	2015	2016	2017
江南水务	1.99	2.219	2.103	2.323	2.273	2.231	2.174	2.127	2.088	1.992
绿城水务	1.56	1.8023	2.094	2.037	2.317	2.274	2.216	2.168	2.128	2.03
启迪桑德	1.92	1.8605	1.763	1.715	1.679	1.647	1.605	1.571	1.542	1.471
钱江水利	1.85	1.7926	1.699	1.653	1.617	1.587	1.547	1.514	1.485	1.417
首创股份	3.7	3.5853	3.674	3.574	3.497	4.29	4.181	4.091	4.015	3.831
兴蓉环境	2.15	2.0833	2.296	2.546	2.492	2.445	2.801	3.142	3.083	2.942
中山公用	2.01	2.2093	2.094	2.037	2.186	2.145	2.09	2.045	2.007	1.915
重庆水务	2.8	2.7132	3.398	3.306	3.235	3.174	3.094	3.027	2.971	2.835
渤海股份	3.4	3.7791	3.582	3.931	4.284	4.204	4.097	4.009	3.934	3.754
瀚蓝环境	1.63	1.7733	2.002	1.948	1.906	1.87	1.823	1.784	1.75	1.67
洪城水业	1.33	1.2888	1.819	1.769	1.731	1.699	1.99	1.947	1.911	1.823
国中水务	1.93	1.8702	1.938	2.618	2.561	2.514	2.45	2.397	2.353	2.245

（3）自来水业务的单位水成本。

单位成本用 COST_UN 表示，具体为自来水业务的成本除以自来水的供应量。并以 2008 年作为基期，用生产者价格指数将 COST_UN 以 2008 年为基期进行价格平减，以剔除价格因素对自来水业务的单位水成本的影响。其中，自来水业务的成本和自来水供应量数据由 Wind 数据库和上市公司年报查询所得，生产者价格指数数据由《中国统计年鉴》查询所得。最后算得的自来水业务的单位成本列于表 7-3 中。

表7-3 城市供水企业供水业务的单位成本

单位：元/立方米

年份 公司	2008	2009	2010	2011	2012	2013	2014	2015	2016	2017
江南水务	—	—	—	0.718	0.725	0.78	0.76	0.725	0.76	0.777
绿城水务	—	—	—	—	—	—	—	0.656	0.692	0.708
启迪桑德	1.2	1.165	1.142	1.127	1.137	1.1	1.067	1.08	1.027	1.049
钱江水利	0.997	0.9394	0.905	0.875	0.878	0.882	0.855	0.862	0.854	0.834
首创股份	1.505	1.4504	1.459	1.441	1.426	1.557	1.531	1.518	1.483	1.46
兴蓉环境	—	—	—	0.909	0.824	0.882	0.944	0.978	0.927	0.885
中山公用	0.869	0.9665	1.008	1.149	1.14	1.137	1.115	1.067	1.132	1.115
重庆水务	—	—	0.691	0.736	0.822	0.804	0.859	0.874	0.839	0.829
渤海股份	—	—	—	—	—	—	1.826	1.921	1.747	1.662
瀚蓝环境	0.597	0.6572	0.726	0.706	0.734	0.877	0.805	1.253	1.176	0.947
洪城水业	0.734	0.7232	0.72	0.786	0.763	0.718	0.703	0.896	0.871	0.864
国中水务	0.887	0.9018	0.884	0.963	1.075	1.066	0.965	0.943	0.936	0.935

（4）上市公司成立的时间。

上市公司成立的时间由 Wind 数据库查询得到，在模型中用 LA 表示。其中，江南水务成立于 2003 年，绿城水务成立于 2006 年，启迪桑德成立于 1993 年，钱江水利成立于 1998 年，首创股份成立于 1999 年，兴蓉环境成立于 1996 年，中山公用成立于 1992 年，重庆水务成立于 2001 年，渤海股份成立于 1996 年，瀚蓝环境成立于 1992 年，洪城水业成立于 2001 年，国中水务成立于 1998 年。

（5）上市公司自来水业务的利润率（PROR）。

上市公司自来水业务的利润率通过查询自来水业务的收入与成本计算而得，具体到水务上市公司的数据为：（水务业务的收入-水务业务的成本）/水务业务的收入。水务业务的收入与水务业务的成本通过查询 Wind 数据库和上市公司年报所得。所算得的上市公司利润率列于表 7-4 中。

表 7-4　城市供水企业供水业务的利润率

单位：元/立方米

年份 公司	2008	2009	2010	2011	2012	2013	2014	2015	2016	2017
江南水务	—	—	—	0.595	0.585	0.549	0.554	0.556	0.528	0.500
绿城水务	—	—	—	—	—	—	—	0.486	0.463	0.421
启迪桑德	0.463	0.4383	0.38	0.348	0.351	0.373	0.335	0.344	0.405	0.309
钱江水利	0.521	0.4916	0.484	0.473	0.447	0.451	0.447	0.443	0.443	0.389
首创股份	0.199	0.0675	0.221	0.267	0.242	0.222	0.244	0.284	0.212	0.263
兴蓉环境	—	—	—	0.514	0.547	0.509	0.482	0.465	0.488	0.486
中山公用	0.322	0.2584	0.209	0.219	0.252	0.266	0.278	0.289	0.233	0.216
重庆水务	—	—	0.359	0.353	0.267	0.257	0.232	0.213	0.215	0.284
渤海股份	—	—	—	—	—	.	0.124	0.085	0.078	0.167
瀚蓝环境	0.459	0.3911	0.401	0.41	0.379	0.378	0.368	0.218	0.241	0.289
洪城水业	0.301	0.2939	0.356	0.358	0.327	0.333	0.435	0.407	0.355	0.384
国中水务	0.461	0.3316	0.304	0.376	0.503	0.435	0.431	0.299	0.274	0.322

最后，对以上变量进行简单的描述性分析，结果如表 7-5 所示。表 7-5 显示了各个变量的统计特征，从中可以发现，自来水业务的单位水成本、自来水业务的利润率、非国有股份与国有股份之比都存在不同程度的缺失。

表 7-5　城市供水企业规制效果检验变量估计描述

变量	含义	样本数	均值	最大值	最小值	标准差
YEAR	年份	120	2012.5	2017	2008	2.884324
FIRM	上市公司	120	6.5	12	1	3.466527

续表

变量	含义	样本数	均值	最大值	最小值	标准差
COST_UN	自来水业务的单位水成本	99	0.9957588	1.921186	0.5974414	0.2803734
PR	水价	120	1.28876	4.289628	1.28876	0.7973293
PROR	自来水业务利润率	99	0.3563615	0.5947013	0.0674651	0.1184547
ER	非国有股份与国有股份之比	100	1.14908	2.541076	0.129178	0.6429411
LA	公司成立时间	120	15.33333	29	2	5.831432

7.2.3 模型选择

为了分析水务规制对企业绩效的影响，将构建动态面板模型。动态面板模型是指通过在静态面板模型中引入滞后期的被解释变量以反映动态滞后效应的模型。这种模型能够很好地研究经济变量的动态变化，具体内容如下：

$$y_{i,t} = ay_{i,t-1} + \sum_{k=1}^{K} \beta_k \beta_{k,i,t} + \gamma_i + \varepsilon_{i,t} \qquad (7-5)$$

式中，γ_i 代表了个体固定效应，该模型符合马尔科夫假设。

选择动态面板模型出于以下几点原因。首先，解决内生性问题的同时控制变量的缺失。其次，落实到民营化供水企业绩效评价，由于数据的可得性和模型简化的原因，只控制了企业成立的时间，但影响水务产业规制改革对供水企业绩效影响的指标是很多的，遗漏变量的问题是难以避免的，其会产生严重的内生性问题。而被解释变量的滞后期存在较多的被解释变量的内容，在模型中加入滞后期能减少内生性问题带来的影响。最后，相较于静态的面板模型，动态面板模型能够研究规制政策的动态效果，能更好地帮助我们对规制的效果进行评价。

模型在引入了滞后期的情况下，估计参数时不能使用传统的最小二乘法（OLS）或者一阶差分的最小二乘法（FD）进行直接估计，如果直接使用这些方法会使估计出来的参数是有偏差的和无效的，而对参数进行显著性检验时，容易出现参数显著性错误判断的问题。为了正确地估计动态面板模型的参数，有两种估计方法经常被使用，即工具变量法与广义矩估计法。前者基于一阶差分法解决个体固定效应，随后为避免产生异质性引入滞后两期的因变量的差分项或滞后两期的因变量作为滞后一期的因变量的工具变量。后者对于随机误差项没有设置条件，估计参数时序列相关和异方差是可以出现的，相较于前者得出的参数更优且参数的估计值更有效。最终，选择后者作为参数估计的方法，具体如下。

选择适当的权矩阵 W，求解下列极小化问题，即

$$\min Q(b) = [Z'(Y - Xb)]'W[Z'(Y - Xb)] \qquad (7-6)$$

式（7-6）中的 Z 是工具向量矩阵，之后求一阶极值条件得到：

$$-2X'ZWW' + 2X'ZWZ'Xb = 0 \qquad (7-7)$$

即
$$X'ZWZ'Xb = X'ZWZ'Y \qquad (7-8)$$

上式表示一个含有 i 个方程的线性方程组，方程组中有 i 个未知参数，求解上述方程组可以得到：

$$b_{GMM} = (X'ZWZ'W) - 1X'ZWZ'Y \qquad (7-9)$$

式（7-9）是原方程的一个广义矩估计量，通过这种方法得出的参数估计量具有无偏性、一致性、有效性。

7.2.4 实证检验

在进行计量分析之前，有必要对数据的平稳性进行检验，

如果数据不平稳，会出现伪回归的现象。由于所采集的数据为非平衡面板数据，采用 ADF-Fisher 和 PP-Fisher 两种检验方法，以期相互验证，如表 7-6、表 7-7 所示。其中，表 7-6 的检验仅考虑截距，表 7-7 的检验既考虑截距，又结合趋势。

表 7-6 水平序列单位根检验结果（截距）

变量	ADF 检验值	相伴概率	结论	PP 检验值	相伴概率	结论
COST_UN	114.6444	0.0000	平稳	20.1163	0.5758	不平稳
D.COST_UN.	64.7721	0.0000	平稳	69.7225	0.0000	平稳
P	31.6552	0.0835	不平稳	20.1410	0.5742	不平稳
D.P	234.0697	0.0000	平稳	107.6454	0.0000	平稳
PROR	55.3506	0.0000	平稳	14.5784	0.8797	不平稳
D.PROR	57.6084	0.0000	平稳	65.4786	0.0000	平稳
ER	54.4143	0.0001	平稳	16.4173	0.7946	不平稳
D.ER	75.0195	0.0000	平稳	83.2432	0.0000	平稳

注：D 代表一阶差分。

表 7-7 水平序列单位根检验结果（截距和趋势）

变量	ADF 检验值	相伴概率	结论	PP 检验值	相伴概率	结论
COST_UN	93.9997	0.0000	平稳	45.0330	0.0026	平稳
D.COST_UN.	15.4864	0.6283	不平稳	54.2001	0.0001	平稳
P	203.0013	0.0000	平稳	30.9172	0.0978	不平稳
D.P	277.3205	0.0000	平稳	73.9704	0.0000	平稳
PROR	53.4709	0.0001	平稳	16.7249	0.7784	不平稳
D.PROR	23.6991	0.1651	不平稳	50.6911	0.0002	平稳
ER	63.9021	0.0000	平稳	19.1479	0.6362	不平稳
D.ER	19.7043	0.3497	不平稳	52.8269	0.0001	平稳

注：D 代表一阶差分。

经过一阶差分后，表 7-6 和表 7-7 的结果显示面板数据平稳，说明已符合模型建立的前提条件，模型的构建是科学且有实际意义的。

根据前文的论述，本部分实证分析将采用动态面板模型，并使用广义矩估计法对参数进行估算。实证分析将分别考察价格规制与进入规制对上市公司水务业务绩效的影响。

（1）价格规制实证检验。

建立动态面板模型，其具体形式为

$$COST\_UN_{i,t} = \lambda_1 COST\_UN_{i,t-1} + \lambda_2 PR_{i,t} + \lambda_3 PR_{i,t-1} + \lambda_4 LA_{i,t} + \gamma_i + \varepsilon_{i,t} \quad (7\text{-}10)$$

$$\ln PROR_{i,t} = \beta_1 \ln PROP_{i,t-1} + \beta_2 PR_{i,t} + \lambda_3 PR_{i,t-1} + \beta_4 LA_{i,t} + \mu_t + \varepsilon_{i,t} \quad (7\text{-}11)$$

其中，因变量 $COST\_UN_{i,t}$ 是第 i 个供水企业 t 年自来水业务的单位水成本，$COST\_UN_{i,t-1}$ 为其滞后一期，作为解释变量引入方程。自变量包括价格规制 $PR_{i,t}$，同时为了考察价格规制的动态效果，引入价格规制指标的滞后一期 $PR_{i,t-1}$ 进入模型。在考察进入规制对上市公司水务业务的利润率影响时，对利润率 PROP 进行取对数处理。λ_1、λ_2、λ_3、λ_4、β_1、β_2、β_3、β_4 分别表示各变量前的系数，γ_i 与 μ_t 分别代表各自模型中的个体固定效应。

在这里使用 STATA14.0 软件，使用差分广义矩估计法（GMM），对参数进行估计，估计结果列于表 7-8 中。

（2）进入规制实证检验。

建立动态面板模型，其具体形式为

$$COST\_UN_{i,t} = \alpha_1 COST\_UN_{i,t-1} + \alpha_2 ER_{i,t} +$$

$$\alpha_3 ER_{i, t-1} + \alpha_4 LA_{i, t} + \delta_i + \varepsilon_{i, t} \tag{7-12}$$

$$\ln PROR_{i, t} = \theta_1 \ln PROP_{i, t-1} + \theta_2 ER_{i, t} +$$
$$\theta_3 ER_{i, t-1} + \theta_4 LA_{i, t} + \sigma_t + \varepsilon_{i, t} \tag{7-13}$$

其中，$ER_{i,t}$代表进入规制，并且为考察进入规制对企业水务业务绩效的动态影响，引入进入规制的滞后一期指标 $ER_{i,t-1}$，其余变量与上文含义相同。α_1、α_2、α_3、α_4、θ_1、θ_2、θ_3、θ_4 分别为各变量前的系数，δ_i 与 σ_t 代表各自模型中的个体固定效应。

使用 STATA14.0 软件，进行差分广义矩估计法（GMM），对参数进行估计，估计结果列于表 7-8 中。

表 7-8　上市供水企业政府规制对公司绩效影响的估计结果

	COST_UN	ln PROR	COST_UN	ln PROR
L. COST_UN	0.528***	—	0.475***	—
	(0.0362)	—	(0.118)	—
PR	0.106***	0.236**	—	—
	(0.0393)	(0.104)	—	—
L. PR	0.0217	0.146*	—	—
	(0.0745)	(0.0848)	—	—
LA	0.00161*	-0.00226	0.00476*	0.0120
	(0.00289)	(0.0119)	(0.00320)	(0.0106)
L. LNPROR	—	0.106	—	0.210
	—	(0.0773)	—	(0.171)
ER	—	—	-0.0219	1.823***
	—	—	(0.0290)	(0.498)
L. ER	—	—	-0.0597***	-0.609*
	—	—	(0.0190)	(0.315)

续表

	COST_UN	ln PROR	COST_UN	ln PROR
Constant	0.149	-1.856***	0.540***	-1.717***
	(0.112)	(0.459)	(0.0939)	(0.632)
Sargan test	33.51694	33.45962	30.47563	49.49658

注：***p<0.01，**p<0.05，*p<0.1；Sargan 检验用于过度识别的检验，原假设为所有工具变量都有效。

7.2.5 模型结果分析

所有模型的 Sargan 检验结果都表明，工具变量是有效的。下面分析价格规制对自来水业务绩效的影响，从表7-8中可以看出，在1%的显著性水平下，自来水业务的单位水成本未受价格规制影响时，系数是显著的且为正，受价格规制影响后，系数为正但不显著。

对于供水业务的利润率，价格规制前的系数通过了5%的显著性检验和价格规制滞后一期前的系数通过了10%的显著性检验，且系数都显著为正。这表明价格规制对自来水业务单位水生产成本影响显著，对供水业务的利润率也有影响。具体而言，对自来水业务的单位水成本来说，当期价格规制前系数为0.106，而滞后一期前的系数为0.0217，即进入规制的当期对自来水业务的单位水成本呈现出了正向影响，而滞后一期前的系数虽为正，但是其影响不显著。这一结果也与我们的理论分析相吻合，即收益率价格规制导致供水生产过程中要素投入比例发生扭曲，使生产成本上升，显现出了 A-J 效应（生产的非效率）。再分析价格规制对水务业务利润率的影响，当期价格规制前的系数为0.236，且通过了5%的显著性检验，滞后一期前的系数为 0.146，通过了 10% 的显著性检验。价格规制的当期变量与滞后期变量都与自来水业务的利润率之间存在着正向相关的关系，可知企业的经营利润在价格规制的影响下有上升趋势，适当的价格规制对供水企业及城市供水行业发展的影响都是积极的。

进一步分析进入规制对自来水业务绩效的影响。可以看出，对自来水业务的单位水成本而言，进入规制当期量前的系数为负且没有通过显著性检验，滞后一期前的系数为负，通过了 1% 的显著性检验。对于供水业务的利润率，进入规制前的系数为正，并通过了 1% 水平的显著性检验，而滞后一期前的系数为负，通过了 10% 水平的显著性检验。这都表明了进入规制对自来水业务的单位水成本和利润率有显著的影响。具体而言，对自来水业务的单位水成本来说，当期进入规制前的系数为 -0.0219，但影响不显著，滞后一期前的系数为 -0.0597，影响十分的显著，这表明了放松进入规制促进了自来水业务单位水成本的降低，但这种影响存在着一定的时滞。

放松进入规制促进了自来水业务单位水成本的降低，但滞后一期前的系数并未能通过假设检验。结果显示成本不会受进入规制的影响而产生持久稳定的降低，规制政策能暂时性的控制自来水的生产成本，对城市供水行业没有达到预期的影响效果。再分析进入规制对自来水业务利润率的影响，由结果可以看出，进入规制当期前系数为 1.823，影响十分显著，而滞后一期前的系数为 -0.609，通过了 10% 水平的假设检验。结果显示自来水业务利润不会受进入规制的影响而产生持久稳定的提升，规制政策能暂时性地控制自来水的生产成本，对城市供水行业没有达到预期的影响效果。

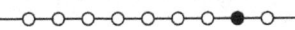

第8章

城市供水行业政府规制效果评价与规制改革政策建议

8.1 城市供水行业政府规制效果分析

通过利用供水企业水务业务的数据，对我国城市供水规制改革进行了实证分析，通过使用面板数据分析方法，测算了价格规制与进入规制对水务业务绩效（包括利润率和自来水业务单位水的成本）的影响。综合上述的分析，总结出以下三方面的结论。

首先，自来水业务产生的利润没有因为价格规制的制定达到预期的变化，即当期及滞后期变量前的系数都没有通过假设检验。而收益率价格规制对供水企业的水务业务单位水成本有一致稳健的正向推动作用，表明了价格规制引起了自来水生产的非效率，即在生产过程中过度使用资本，扭曲了要素投入比例，产生 A-J 效应。为保障经济健康发展，应对现有的收益率价格规制做出调整。

其次，自来水业务产生的利润因放宽进入规制产生积极地影响。从长远角度看，稳定性有待加强。放宽进入政策仅能作为短期行为，还未能转化成推动供水产业持久发展的影响因素。综观我国供水行业民营化改革的过程，我国政府在供水行业投资主体多元化方面做出了一些努力，但还需继续加强。除供水业务这一主要范围外，污水处理范围的规制虽然还存在一定的缺陷，但加强了污水处理效果，应积极引入竞争机制刺激水务生产的健康发展。同时，在供水行业放宽进入规制的过程中，存量资产变相低价流失也是当前面临的问题。

最后，企业创建时期与供水企业自来水业务的单位水成本呈现出正向关系，而对自来水业务的利润率没有显著的影响。通过分析上市企业生产经营状况，给出以下解释。在上市供水企业中，国有股本通常占据优势地位。通过分析供水企业的股权结构容易发现，大多属于国有控股企业，国有控股占比大多在50%以上。随着时间增加，这些供水企业显露出一些问题，如人员冗杂、管理流程烦琐等影响了生产效率。因此，有必要进一步完善供水企业的薪酬制度，进一步推进股权多元化改革。

综合上文分析，收益率价格方面的规制并未对上市企业水务生产效率产生负相关的影响，整个行业的规制政策未取得预期的效果，表明收益率价格规制促使供水企业在生产过程中使用了过多的资本。当然，也必须承认收益率规制对于保证供水企业效益及满足城市供水需求还是具有一定意义的。以放宽进入规制为代表，其在整个研究中并未得出有显著一致的推动作用，说明有必要进行深入的进入规制改革研究。

8.2　城市供水行业政府规制改革政策建议

无论从公共经济学、福利经济学还是规制经济学的角度，对于包含城市供水在内的城市公用事业的规制改革，均有各自的陈述表达。总体而论，在城市供水规制改革目标的问题上，其核心内容基本上是一致的，归纳起来就是满足城市供水需求、提高供水效率、保证供水质量。从规制的角度而言，城市供水数量需求与城市供水规模相关，进而与进入规制相关；城市供水效率与价格规制相关；供水质量则与社会性规制相关。这样自然就涉及多个利益相关群体,包括城市居民、供水企业、规制机构(相关部门)甚至包括水源地居民。各利益相关方有共通,也有矛盾。无论是谁充当规制者,规制改革的总体目标就是协调各方矛盾,在不突破各方底线的基础上,追求社会利益最大化。结合本书的研究结论,对于城市供水行业规制改革,提出如下建议,主要思路如图 8-1 所示。

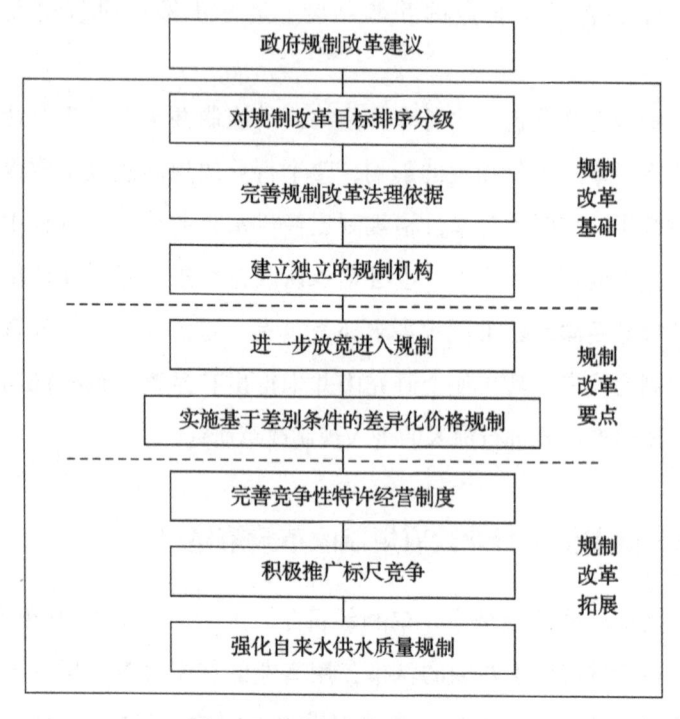

```
政府规制改革建议
  ├─ 对规制改革目标排序分级  ┐
  ├─ 完善规制改革法理依据    ├ 规制改革基础
  ├─ 建立独立的规制机构      ┘
  ├─ 进一步放宽进入规制      ┐
  ├─ 实施基于差别条件的差异化价格规制 ├ 规制改革要点
  ├─ 完善竞争性特许经营制度  ┐
  ├─ 积极推广标尺竞争        ├ 规制改革拓展
  └─ 强化自来水供水质量规制  ┘
```

图 8-1 政府规制改革建议结构

8.2.1 对规制改革目标排序分级

满足城市供水需求、提高供水效率、保证供水质量对人民生活与城市发展均为关键点且三者紧密相关。从中国经济社会发展的阶段来看,并不意味着三者同等重要,应有优先或主次之分。并且在这个问题上,有关利益各方共识越多,规制改革目标越易达成。

(1) 满足城市供水需求为规制改革的首要目标。

从 1949—2017 年,中国的人口总量由 5.4 亿人增至 13.9 亿人,增长了约 257%。而同期的中国城镇人口数量,由 5763 万人上升到了 81347 万人,增长了约 1312%,城镇化率由 10.64% 增长至 58.52%。来自多个专家课题组的预测结果表明,2035 年中国城镇化率将增长 70% 左右,2050 年将达到 80% 左右后趋于稳定。这就意味着在一个相当长的阶段,中国城镇人口是不断增加的。显然,对于不断增加的城市人口,自来水是生活生产的必需品,其需求是刚性增长的,尽管存在节水技术及节水意识的提高,但满足城市供水需求仍是规制改革的首要目标。无论怎样的规制改革,都要确保供水量相应适度增加。如果规制改革不能够引导或刺激供水企业增加投资与增加供给,则会偏离规制改革的首要目标。根据"首要目标",鉴于地方国资供水企业投资能力和地方政府负债水平,势必要求放宽进入规制,向符合条件的民营资本、外国资本开放城市供水投资及其相关领域。

(2) 提高供水效率是规制改革的核心目标。

提高供水效率是指供水企业通过不断努力以低成本为城市供水。提高供水效率与供水价格规制高度相关。一方面,如果供水价格过高,供水企业在降低成本方面压力不足,导致企业努力不够,效率较低。这既是消费者福利的损失,也是整个社会福利的降低。另一方面，如果供水价格过低，供水企业不愿意增加投资或者民营资本、外资不愿意进入城市供水领域，有可能导致城市供水需求不能够得到满足，甚至对保证供水质量也有不利影响。因此，为提高供水效率而进行的价格规制改革是规制改革的核心目标。

（3）保证供水水质质量是规制改革的底线目标。

安全卫生的自来水是城市居民生活的基本要求。1985年，我国颁布了《生活饮用水卫生标准》（GB 5749—1985）。2006年，中华人民共和国卫生部和中国国家标准化管理委员会联合发布了《生活饮用水卫生标准》（GB 5749—2006），于2007年实施。GB 5749—2006较之GB 5749—1985，生活饮用水的检测指标由35个增加到106个，接近或达到欧盟标准。考虑到具体国情，有5年过渡期，要求各地于2012年7月1日强制执行。保证供水质量达标应该作为规制改革的底线目标，各相关利益方必须加大投入，加大约束与惩罚力度。没有底线意识，安全卫生的自来水将会落空。

进一步阐述三者的关系，"满足需求"为首要目标，是必须得到优先解决的；"保证质量"是底线目标，是必须强制执行的；"提高效率"是核心目标，是需要长期努力的。

8.2.2 完善规制改革法理依据

规制改革必须依法进行，并且法律法规必须先行。国内外规制改革成功的经验与教训也证明了这一点。与城市供水规制改革密切相关的主要法律法规有：2016年修订的《中华人民共和国水法》、1994年制定的《城市供水条例》、2015年制定的

《基础设施和公用事业特许经营管理办法》、2006年制定的《生活饮用水卫生标准》等。应该说这些法律法规是规制改革的"上位法",是其法理依据,对于规制改革影响重大,因此,有必要对影响城市供水规制改革的法律法规,依据"上位法"并结合实际予以修订完善。

8.2.3 建立独立的规制机构

本书研究结论表明:即使放宽进入规制,引入了民营化,供水企业效率仍然不够理想,规制改革效果仍需加强。对此,要进一步建立独立的规制机构。

建立独立的规制机构要求做到:第一,具有明确的监管职能,不参与供水企业的谈判,而是充当政府有关部门与供水企业间谈判的"裁判员"。第二,规制机构可以内设——存在于水务管理有关部门之内,也可以外设——独立于水务管理有关部门之外,规制机构主要向本级人民代表大会相关部门负责。第三,规制机构主要由专业人员组成,主要由水务技术专业人士、经济学专业人士、财务会计专业人士等构成,并保持稳定,没有特殊原因,不得随意撤换规制机构专业人员。第四,规制机构的人员经费可以向供水企业收取,并允许企业向消费者转嫁,但要有必要的经费收取比例限制。第五,规制机构的运作程序与裁决结果必须向社会公开。第六,当政府有关部门、受规制供水企业或消费者与规制机构发生争议时,由法院裁决。

8.2.4 进一步放宽进入规制

自20世纪90年代,我国供水领域就开始引进外资,进行了放宽进入规制的改革尝试。进入 21 世纪，城市供水领域开始向国内民营资本开放。应该说对于增加城市供水规模，满足居民需求，甚至提高供水企业活力等方面都取得了一定进展。鉴于已有的进展与存在的问题，结合本书的前期研究结论，我国城市供水领域应进一步放宽进入规制。

一是对国内民营资本、国有资本及外国资本在满足进入特许经营条件时，实行无歧视、无差别待遇，即做到内资外资一视同仁，不能为引进外资而引进。二是大力推进城市供水领域的混合所有制改革，鼓励民营资本参股国有供水企业，同时也鼓励国有资本参股民营供水企业。三是完善城市供水特许经营管理办法，使民营资本、外国资本具有长期投资改造城市供水管网设施的信心与动力。四是供水企业的横向一体化。通过放宽进入规制改革政策，鼓励中小城市地方政府打破行政垄断，向大型供水企业开放供水业务，关停设备设施水平低下的小型供水企业，改由大型企业经营。大型供水企业通过并购重组进入中小城市供水领域，既可扩大大型供水企业供水规模以提高规模效益，同时也可提高中小城市供水保障能力与供水水质质量。五是供水企业的纵向一体化。通过放宽规制，使供水企业进入自来水上下游生产经营领域，尤其是自来水下游生产经营领域，如污水处理、污泥处理、城市防洪、城市防涝等生产经营领域。总之，通过进一步放宽进入规制，使包括民营化供水企业在内的各类供水企业获得更多、更好的发展机会，促使供水企业的绩效获得提高。

8.2.5 实施基于差别条件的差异化价格规制

我国城市供水的基础条件具有明显的差异性，存在城市供水水源、城市管网设施、城市人口增长、城市供水企业效率、城市经济发展水平、城市居民收入、地方政府规制能力等多方面的差异。尽管本书的研究结论表明，在促进供水企业提高效率方面，激励性价格规制优于收益率价格规制，但在具体的价格规制实践中也不能盲目采信与应用，要根据各方面的条件予以合理应用。

对于供水能力不足、管网设施老化、人口增长迅速、需要较大规模资本进入的城市，可以先期采取收益率价格规制，以促进供水企业增加投资的积极性，满足城市供水需求，后期逐步过渡到采用激励性价格规制。对于供水能力充裕、管网设施完善、人口增长缓慢、城市供水企业效率具有提高潜力、经济发展水平较高、居民收入水平较高、地方政府规制能力较强的城市可以实行或试行激励性价格规制，如控制价格的最高范围，通过制定上限实行管制。假设零售价格的指数用 RPI 表示，规制主体确定某一阶段内生产效率的增加幅度用 X 表示，价格的上限则表示为 RPI-X，即考虑通货膨胀率的情况下，供水企业制定的水价格的平均增长率不得超过 RPI-X。价格上限规制能够较好地保护消费者福利，也能够有效刺激供水企业提高效率。价格上限规制在英国已有较为成功的实践，许多国家已纷纷效仿，我国具备条件的城市可以实行或试行。

在自来水用户到户价格制定与水费收取方面，进一步加大阶梯式水价的推广应用力度，并且在实践中进一步完善阶梯式水价制度。目前，我国多数大城市已公布并实施了阶梯式水价方案，多数中小城市主要困于"一户一表"等问题，使阶梯式水价尚未实施。因此，对于中小城市，各方面要加大投入力度，实现"一户一表"，为实施阶梯式水价做好基础性工作。对大城市而言，目前的阶梯式水价方案，有的地方基本水量定得过高，起不到节水作用；有的地方，阶梯式水价价格比例制定不当，尤其是第三级水价定的偏低，既不利于节水也不够公平。这些问题都需要予以改进。

此外，在供水价格规制方面还应进一步考虑供水质量、水资源保护、水环境保护、居民承受能力、供水行业长期发展、用水高峰期等因素。现行的水价虽然考虑了水资源保护与水环境保护，但是力度仍需加强。同时，现行用水消费费用占城市居民收入的比例较之国际水平偏低，还有较为明显的提高空间。因此，可以适当提高水价，以符合城市供水实际。例如，在考虑居民承受能力的前提下，可以实施供水的优质优价；可以适当提高用水高峰期的价格，适当降低用水波谷期的价格；适当提高污水处理费等。

8.2.6　完善竞争性特许经营制度

竞争性特许经营制度对刺激城市供水企业效率提高，以及增进消费者福利具有重要的意义。自20世纪90年代，我国在城市供水行业中引入竞争性特许经营制度，结合已有的规制实践经验与教训，完善特许经营制度主要应做到如下几点。

第一，保证充分的信息公开。一方面，政府要公开招标程序与内容，保证竞标者有充分的时间了解与分析招标文件，并且要求向竞标者予以必要的解释。另一方面，公开规制信息，提高规制透明度。政府不存在隐匿信息的特权，并要承担信息公开的法律责任。第二，保证充分的公平竞争。首先考虑公开招标，至于邀标或内部招标，在公开招标流标的特殊情况下方可采用，并接受公开监督。采取有力措施防止串标、围标行为，对于竞标中的非法行为必须依法惩处。第三，在评议竞标者时，不能简单认为叫价低者为优，要适当加大对于技术、管理等因素的考量，更不能唯所有制而论，应给民营企业公平参与竞争的机会。第四，保证特许招标经营合同承诺的实施到位。无论是政府还是中标供水企业，双方都要按特许经营合同办事，不得随意变更合同内容。如果实际出现变更特许经营合同的情况，双方在协商无效时，都有权通过法律途径维护己方的权利，任何一方都没有超越法律的特权，在违约时必须承担相应的违约责任。

8.2.7 积极推广标尺竞争

标尺竞争通过外部测量手段获得被规制企业的成本信息，有助于解决规制机构与被规制企业间的信息不对称，对规制机构制定有效的规制政策具有重要的意义。目前，我国城市供水应用标尺竞争还处于初期阶段，积极推广标尺竞争，对刺激企业提高效率及提高规制绩效具有相当大的作用。在城市供水规制改革实践中推广标尺竞争要做到如下几点。

第一，建立供水企业绩效评价系统。目前，世界银行已建立了一整套供水企业绩效评价系统，我国可以借鉴参考，结合各地的实际情况，按照行业标准、历史标准、预算标准等相结合的方式建立一套相对科学权威的绩效评价系统,并利用该系统,采用 DEA 等模型方法对供水企业效率进行有效评价。第二,根据评价结果,政府应对供水企业提出改进效率的指标性要求并予以考核。第三,运用标尺竞争手段,开放供水市场竞争,允许标杆企业进入供水领域,取代或部分取代原在位供水企业。第四,规制机构根据对供水企业的效率与绩效评价,运用标尺竞争手段,提高价格规制的针对性与有效性从而增进消费者福利。

8.2.8 强化自来水供水质量规制

城市供水水质质量应该而且必须得到保证,供水质量规制应该而且必须予以强化。从规制的角度而言,结合我国供水水质质量规制现状,强化供水质量规制必须做到如下几点。

第一,要求供水企业公开定期披露自来水供水水质质量,包括自来水综合水质合格率、自来水水源水质合格率、自来水出厂水质合格率、管道水水质合格率、管道末梢水质合格率五大项指标全部接受卫生检验机构的抽检,规制机构以卫生检验机构的抽检结果为准,如实向社会公开。对未能定期公开披露自来水供水水质的企业,规制机构可以追究其相应责任并予以处罚。第二,对不达标的供水企业予以必要的经济处罚,对政府有关部门追究其行政责任。同时,对于不达标的企业,要求企业和政府有关部门向社会解释原因,要求其提出限期整改目标与达标措施,予以监管执行。第三,规制机构应要求政府有关部门与供水企业建立自来水应急管理预案,并监管执行。第四，规制机构要高度重视水源地水质质量与水环境质量，这是保证城市供水水质质量的重要因素。在制定环境规制政策时，司法机构与规制机构应加大对企业污水排放行为尤其是对水源地的排污行为及政府部门违规行为的惩罚力度。第五，规制机构应将二次供水水质纳入日常监管范围，制定并执行相应的供水质量规制政策。

第 9 章

总结与展望

城市供水行业作为市政公用事业的重要组成部分，是城市经济可持续发展的基础。我国的水务行业从20世纪90年代中叶开始就进行了民营化改革，迄今为止，已取得一定效果，但随着环境的不断变化仍需持续改进，所以针对水务行业有效运营机制的探索依然很有必要。在我国民营化供水企业的绩效评价和规制改革的研究中，成果相对较少并且相关学者做出的研究成果并未有机统一，值得进行深入研究和探索。本书主要从两个角度进行探索，第一，对我国政府实行20余年的城市供水企业民营化改革成果进行检验评价，探究供水企业的绩效水平是否达到预期目标及影响供水企业绩效的关键因素，分析研究结果，为政府进一步推进水务民营化改革和企业高效健康发展提供建议。第二，检验政府现行规制政策（价格规制和进入规制）的施行效果，着重对规制政策下的供水企业绩效进行有效评价，以期在优化与改革水务行业规制政策方面做出贡献。

本书在对我国城市供水行业规制体系严谨分析的基础上，分别选取2010—2017年9家供水企业不同时段的面板数据进行实证检验，在样本的选择时，选择了14家上市供水企业（其主营业务范围只包括供水和排污）进行单绩效评价，统计分析发现，高度民营化和国有控股部分民营化的企业在资产运营能力与盈利能力方面的差异并不大，但在对债务清偿能力和企业发展能力上高度民营化的供水企业更具有优势。然后运用因子分析法对供水企业的绩效做出综合评价，就整体的研究分析得出，高度民营化的供水企业在企业的综合得分均值更高，但在微观层面发现，对独立个体样本的供水企业来说，有着一些较大的差异在个例样本中，在样本分析中可以看到获得均值分数最高的是民营化程度较低的国有控股供水企业，反而不是完全的民营化供水企业。由此可知，供水企业是否民营化对供水企业的绩效影响不是显著的确定性因素。接着从理论上阐述影响城市民营化供水企业绩效的宏观、行业和微观三方面因素，并分析了各因素对供水企业绩效产生影响的机制，选取 2007—2016 年沪深两市 14 家上市供水企业的面板数据作为研究对象，采用双向固定效应模型分析核心解释变量——民营化程度对企业各绩效指标的影响。研究发现，城市供水企业民营化程度越高，越有助于提高企业的总资产周转率，对企业运营能力有显著的推动作用，但对净资产收益率有一定抑制作用，阻碍了企业盈利能力提高。另外，研究结果表明民营化对供水企业成长发展能力有促进和抑制两方面的影响。

  为更进一步探索政府规制政策的施行效果，在社会性规制政策方面，本书研究了 2006—2015 年国家层面的水环境规制相对效率。研究发现，我国水环境污染状况呈现轻微的 N 形。在经济性规制政策方面，选取了 2008—2017 年中国 12 家上市供水企业年末的面板数据，以价格规制与进入规制两方面设定政府规制变量，通过利润率和效率指标分析城市供水行业的政府规制效果。通过数据分析可知，供水企业的绩效不会受到收益率价格规制和放宽进入规制政策的积极影响。虽然城市供水企业利润率不会因收益率价格规制的运行而增加，但对成本会产生一定的积极作用，说明当前供水企业资本劳动使用比已经偏离最优比例，可能存在资本过度使用问题。同时发现，放宽进入规制对供水企业的绩效没有明显的推动作用，进入规制政策短期调控的效果不佳，长期调控具有不稳定性，表明外来资本与民营资本对城市供水企业的投资推动力不大，无明显的积极性，竞争环境也并非完全开放的。收益率价格规制和放宽进入规制的制定对供水行业的发展没有达到预期的效果。

结合本书研究前期结论，就政府规制改革和政策优化提出8点建议。第一，对规制改革目标排序分级。将满足城市供水需求作为规制改革的首要目标，提高供水效率是规制改革的核心目标，保证供水水质质量是规制改革的底线目标。第二，对影响城市供水规制改革的法律法规，依据"上位法"，结合实际予以修订完善。第三，建立独立的规制机构。改革与完善目前规制机构的职能，使规制机构不再直接管理供水企业，即淡化管理职能，强化监管职能，独立或相对独立于政府部门，实现"政监分离"。第四，进一步放宽进入规制。对国内民营资本、国有资本及外国资本在满足进入特许经营条件时，实行无歧视、无差别待遇。通过规制改革，鼓励与引导民营化供水企业参股国有供水企业，鼓励与引导民营化供水企业推行横行一体化和纵向一体化战略。第五，实施基于差别条件的差异化价格规制。根据城市各方面条件差异，有的城市可先期选择收益率价格规制，然后过渡到激励性价格规制，有的城市可以直接采取激励性价格规制等；同时，积极推进阶梯式水价改革。第六，完善竞争性特许经营制度。规制机构要监管政府与企业保证充分的信息公开，保证充分的公平竞争，保证特许招标经营合同承诺的实施到位。第七，积极推广标尺竞争。运用标尺竞争手段，开放供水市场竞争，允许标杆企业进入供水领域，取代或部分取代原在位供水企业。第八，强化自来水供水质量规制。规制机构要求供水企业公开定期披露自来水供水水质质量，对不达标供水企业予以必要的经济处罚，对政府有关部门追究其行政责任；要求政府有关部门与供水企业建立自来水应急管理预案；规制机构要高度重视水源地水质质量与水环境质量；将二次供水水质纳入日常监管范围。

本书尽管取得了一定的研究成果，具有一定的创新性，但是也有不足之处。一是适用于分析研究的样本量偏少。虽然通过小样本所做出的研究结论与作者的经验认识基本吻合，也获得了业内水务专家的认可，但是由于样本量偏少使研究结论的支持力度不够充分。二是模型创新与改进方面尚未取得突破性进展。本书研究所采用的模型方法虽然在其他学者的研究基础上做了些许创新，但是仍属于小修小补，没有取得重大创新。

今后的努力方向主要有如下三点。第一，加强与企业界、政府相关部门的沟通与联系，尤其要加强与财务制度相对健全的大中型供水企业间的联系，搜集更加全面、翔实的数据资料，扩大研究对象的样本量，进一步检验研究结论的可信性与可靠性。第二，继续深入分析供水企业绩效评估体系与影响因素，深化学习与领会更好的计量经济学方法，建立更优的模型以更好地分析、解释中国城市供水企业的问题，为政府和供水企业提供高质量的政策建议。第三，将与供水业务有关的上下游水务企业纳入研究视野，如供水设备制造企业、污水处理企业、污泥处理企业、水务投资企业、水务集团公司等，进行拓展化研究。

参考文献

[1] 保罗·萨缪尔森,威廉·诺德豪斯.经济学 [M].高鸿业,译.北京:中国发展出版社,1992.

[2] 蔡龙,黄贤金.城市公用事业价格改革的思路研究 [J].南京社会科学,2002 (1).

[3] 曹锦周,戴昌钧.中国民航业规制改革及其绩效的实证研究 [J].经济管理,2009 (5).

[4] 曹现强,贾玉良,王佃利.市政公用事业改革与监管研究 [M].北京:中国财政经济出版社,2009.

[5] 曹艳秋,高大鹏.国有垄断水务集团与上市供水企业的相对效率分析 [J].国有经济评论,2013 (3).

[6] 曾国安.管制、政府管制与经济管制 [J].经济评论,2004 (1).

[7] 陈富良.自然垄断行业:效率来自民营化还是来自竞争 [J].当代财经,2000 (4).

[8] 陈富良.放松规制与强化规制:论转型经济中的政府规制改革 [M].上海:上海三联出版社,2001.

[9] 陈富良,黄金钢.政府规制改革:从公私合作到新公共服务——以城市水务为例 [J].江西社会科学,2015,35 (4).

[10] 陈明.城市公用事业民营化的政策困境:以水务民营化为例 [J].当代财经,2004 (12).

[11] 陈明,周萌萌.城市水务民营化绩效评价研究 [J].现代管理科学,2014 (3).

[12] 陈明,曾霖.我国城市民营化水务公司企业绩效影响因素研究——

基于16家上市水务上市公司 [J]. 社会经济发展研究：澳门城市大学学报, 2016 (2).

[13] 仇保兴, 王俊豪. 中国市政公用事业监管体制研究 [J]. 中国社会科学出版社, 2006 (1).

[14] 仇蕾, 赵爽, 王慧敏. 江苏省太湖流域工业水环境监管体系构建 [J]. 中国人口·资源与环境, 2013, 23 (5).

[15] 丹尼尔·F. 史普博. 管制与市场 [M]. 余晖, 等译. 上海：汉语大词典出版社, 1999.

[16] 邓群, 夏军, 杨军. 水资源经济政策CGE模型及在北京市的应用 [J]. 地理科学进展, 2008 (3).

[17] 丁惠英, 丁民. 国外城市水务管理经验分析 [J]. 中国水利, 2003 (1).

[18] 高大鹏. 我国城市民营水务企业的绩效研究 [D]. 沈阳：辽宁大学, 2011.

[19] 郭蕾, 肖有智. 政府规制改革对居民幸福感的影响研究——基于水务规制改革数据的经验证据 [J]. 南京社会科学, 2016 (8).

[20] 胡洁, 胡颖. 上市公司股权结构与公司绩效关系的实证分析 [J]. 管理世界, 2006 (18).

[21] 胡一帆, 宋敏, 张俊喜. 中国国有企业民营化绩效研究 [J]. 经济研究, 2006 (7).

[22] 侯风云, 周广肃. 自然垄断产业效率实证研究——济南市自来水产业市场状况调查 [J]. 山东经济, 2009 (11).

[23] 黄建伟. 自然垄断产业的组织演化与规制调整 [D]. 上海：上海社会科学院, 2013.

[24] 纪宣明, 陈似海. 公用事业类上市公司经营绩效的实证分析与评价 [J]. 宏观经济研究, 2004 (8).

[25] 励效杰. 关于我国水业企业生产效率的实证分析 [J]. 南方经济, 2007 (2).

[26] 李智, 狄剑英, 孙笑微. 应用平衡计分卡对供水企业进行绩效评估 [J]. 供水技术, 2009, 3 (2).

[27] 廖文华, 解建仓, 王玲, 等. 城市化进程中区域水土资源生态风险评价研究 [J]. 西安理工大学学报, 2013, 29 (2).

[28] 梁树广. 中国发电行业规制效果的实证研究 [D]. 沈阳: 辽宁大学, 2012.

[29] 刘戒骄. 城市公用事业的放松规制和规制改革 [J]. 中国工业经济, 2000 (11).

[30] 任志涛, 张世英. 世界城市水业发展趋势 [J]. 河北建筑科技学院学报, 2004 (1).

[31] 石龙. 城市公共物品供给政府规制研究——以城市自来水供给为例 [D]. 武汉: 华中师范大学, 2008.

[32] 施蒂格勒. 产业组织和政府管制 [M]. 潘振民, 译. 上海: 上海三联书店, 1989.

[33] 宋华琳. 公用事业特许与政府规制: 中国水务民营化实践的初步观察 [J]. 政法论坛中国政法大学学报, 2006 (1).

[34] 宋献中, 罗晓林. 我国民营上市公司财务状况与相关政策的调查研究 [J]. 财经理论与实践, 2003, 24 (2).

[35] 孙刚. 政府管制研究 [D]. 北京: 中国政法大学, 2005.

[36] 孙梦熊. 城市水务政府规制效果评价 [D]. 南昌: 江西财经大学, 2015.

[37] 苏武康. 中国上市公司股权结构与公司绩效 [M]. 北京: 经济科学出版社, 2003.

[38] 苏晓红, 刘明. 我国供水行业规制效果评价 [J]. 城市问题,

2012（12）.

[39] 谭克.资本结构、股权结构和绩效研究［M］.北京：中国财政经济出版社，2004.

[40] 谭雪，曹艳秋，石磊，等.东北三省环境效率比较研究：1991—2010［J］.生产力研究，2013（4）.

[41] 唐浩文.服务型政府视野下政府管制改革研究［D］.重庆：西南政法大学，2010.

[42] 王芬，王俊豪.中国城市水务产业民营化的绩效评价实证研究［J］.财经论丛：浙江财经大学学报，2011，160（5）.

[43] 王林生，张汉林.发达国家规制改革与绩效［M］.上海：上海财经大学出版社，2006.

[44] 王俊豪.中国政府规制体制改革研究［M］.北京：经济科学出版社，1999.

[45] 王俊豪.A-J效应与自然垄断产业的价格管制模型［J］.中国工业经济，2001（10）.

[46] 王俊豪.重点领域和关键环节改革研究（专题讨论）——深化中国城市公用事业改革的分类民营化政策［J］.学术月刊，2011（9）.

[47] 王林生，张汉林.发达国家规制改革与绩效［M］.上海：上海财经大学出版社，2006.

[48] 王化成，刘俊勇.企业业绩评价模式研究——兼论中国企业业绩评价模式选择［J］.管理世界，2004（4）.

[49] 王璐，赵胜利，陶红茹.基于自然垄断性：对供水行业进行规制的必要性分析［J］.产业与科技论坛，2007（9）.

[50] 王正儒，张小盟.自来水业民营化改革与政府管制的实证分析［J］.宁夏社会科学，2007（1）.

[51] 王晓兵.我国环境规制绩效实证分析［D］.河南：河南师范大

学，2011.

[52] 王学庆. 垄断性行业的政府管制问题研究 [J]. 管理世界，2003 (8).

[53] 吴国琳. 水污染的监测与控制 [M]. 北京：科学出版社，2004.

[54] 吴志军. 城市水务产业价格规制研究 [J]. 价格月刊，2012 (5).

[55] 肖兴志. 自然垄断产业规制改革模式研究 [M]. 大连：东北财经大学出版社，2003.

[56] 肖兴志，韩超. 规制改革是否促进了中国城市水务产业发展 [J]. 管理世界，2011 (2).

[57] 余晖. 政府管制改革的方向 [J]. 战略与管理，2002 (5).

[58] 余晖. 管制与自律 [M]. 杭州：浙江大学出版社，2008.

[59] 于良春，王志芳. 竞争与管制：中国自来水产业的改革与发展 [J]. 东岳论丛，2005，26 (6).

[60] 植草益，朱绍文. 微观规制经济学 [M]. 北京：中国发展出版社，1992.

[61] 张红凤，张细松. 环境规制理论研究 [M]. 北京：北京大学出版社，2012.

[62] 张昕竹. 城市化背景下公用事业改革的中国经验 [M]. 北京：知识产权出版社，2008.

[63] 张祥建，郭岚，李远勤，等. 部分民营化与企业绩效：基于国有企业民营化发行的研究 [J]. 科教文汇（上旬刊），2011 (3).

[64] 周令，张金松，刘茜. 中国供水企业绩效评价系统研究 [J]. 中国给水排水，2006 (1).

[65] 周萌萌. 城市民营水务企业绩效评价研究 [D]. 南昌：江西财经大学，2013.

[66] 朱志明. 城市供水的政府管制改革研究 [J]. 经济研究参考，2003 (25).

[67] 北京师范大学经济与资源管理研究院，国家统计局中国经济景气监测中心. 2014 中国绿色发展指数报告：区域比较 [M]. 北京：科学出版社，2014.

[68] 乔治·施蒂格勒. 产业组织与政府管制 [M]. 潘振民，译. 上海：上海三联书店，1989.

[69] Alessi L D. The Economics of Property Rights: A Review of the Evidence [J]. Research in Law and Economics, 1980 (2).

[70] Alfred E Kahn. The Economics of Regulation: Principles and Institutions [M]. MA: MIT Press, 1988 (1).

[71] Andersen P, Petersen N C. A Procedure for Ranking Efficient Units in Data Envelopment Analysis [J]. Management Science, 1993 (10).

[72] Asquer A. Understanding Subjectivities in the Regulation of Local Water Services: A Q-methodology Study of Elected Public Officers in Italy [J]. Water, 2014, 6 (3).

[73] Asquer A. Infrastructure and Utilities: The Need for Regulation [J]. Regulation of Infrastructure and Utilities, 2018 (1).

[74] Averch H, Johnson L. Behavior of the Firm under Regulatory Constraint [J]. American Economic Review, 1962 (52).

[75] Barbera A J, Mcconnell V D. The Impact of Environmental Regulations on Industry Productivity: Direct and Indirect Effects [J]. Journal of Environmental Economics & Management, 1990, 18 (1).

[76] Baumol W J, Oates W E. The Theory of Environmental Policy [M]. Cambridge: Cambridge University Press, 1988.

[77] Berg S V, Tsehirhart J T. Natural Monopoly Regulation [M]. Cambridge: Cambridge University Press, 1988.

[78] Bhattacharyya A, Parker E, Raffiee K. An Examination of the Effect of

Ownership on the Relative Efficiency of Public and Private Water Utilities [J]. Land Economics, 1994, 70 (2).

[79] Boardman A E, Vining A R. Ownership and Performance in Competitive Environments: A Comparison of the Performance of Private, Mixed, and State-owned Enterprises [J]. Journal of Law & Economics, 1989, 32 (1).

[80] Buafua P M. Efficiency of Urban Water Supply in Sub-saharan Africa: Do Organization and Regulation Matter? [J]. Utilities Policy, 2015 (37).

[81] Cecile Aubert, Arnaud Reynaud. The Impact of Regulation on Cost Efficiency: An Empirical Analysis of Wisconsin Water Utilities [J]. Journal of Productivity Analysis, 2005 (3).

[82] Collard D, Baumol W J, Oates W E, et al. The Theory of Environmental Policy: Externalities, Public Outlays, and the Quality of Life [J]. Economic Journal, 1975, 85 (339).

[83] Crain W M, Zardkoohi A. A Test of the Property-rights Theory of the Firm: Water Utilities in the United States [J]. Journal of Law & Economics, 1978, 21 (2).

[84] Crew M A, Charles K R. Toward a Public Choice Theory of Monopoly Regulation [J]. Public Choice, 1988, 57 (1).

[85] Chauzy J, Graja S, Gerardin F, et al. Minimisation of Excess Sludge Production in a WWTP by Coupling Thermal Hydrolysis and Rapid Anaerobic Digestion [J]. Water Science & Technology, 2005, 52 (10-11).

[86] Cohen M F, Stigler G J. Can Regulatory Agencies Protect Consumers? [J]. Books, 1971 (1).

[87] Cubbin, Stern. Regulatory Effectiveness: The Impact of Good

Regulatory Governance on Electricity Industry Capability in Developing Countries [R]. London: London Business School, 2004.

[88] Daniel F Spulber. Market Microstructure [M]. Cambridge: Cambridge University Press, 1999.

[89] Dasgupta S, Laplante B, Wang H, et al. Confronting the Environmental Kuznets Curve [J]. Journal of Economic Perspectives, 2002, 16 (1).

[90] Djankov S, Murrell P. Enterprise Restructuring in Transition: A Quantitative Survey [J]. Journal of Economic Literature, 2002, 40 (3).

[91] D Saal, D Parker. The Impact of Privatization and Regulation on the Water and Sewerage Industry in England and Wales: A Translog Function Model [J]. Managerial and Decision Economics, 2000 (6).

[92] D Saal, D Parker. Productivity and Price Performance in the Privatized Water and Sewerage Companies of England and Wales [J]. Journal of Regulation Economics, 2001 (20).

[93] Estache A. Argentina's Utilities Privatisation: A Cure or a Disease [J]. World Bank Institute, 2002 (1).

[94] Ferro G, Lentini E J, Mercadier A C, et al. Efficiency in Brazil's Water and Sanitation Sector and its Relationship with Regional Provision, Property and the Independence of Operators [J]. Utilities Policy, 2014 (28).

[95] Ferro G, Mercadier A C. Technical Efficiency in Chile's Water and Sanitation Providers [J]. Utilities Policy, 2016 (43).

[96] Frydman R, Gray C, Hessel M, et al. When Does Privatization Work? The Impact of Private Ownership on Corporate Performance in the Transition Economies [J]. Quarterly Journal of Economics, 1999, 114 (4).

[97] Furlong K. Good Water Governance without Good Urban Governance?

Regulation, Service Delivery Models, and Local Government [J]. Environment & Planning A, 2012, 44 (11).

[98] Grossman G M, Krueger A B. Environmental Impacts of a North American Free Trade Agreement [J]. Social Science Electronic Publishing, 1991, 8 (2).

[99] Guérin-Schneider L. Emergence of an Innovative Regulation Mode in Water Utilities in France: between Commission Regulation and Franchise Bidding [J]. European Journal of Law & Economics, 2012, 33 (1).

[100] Hassanein A A G, Khalifa R A. Financial and Operational Performance Indicators Applied to Public and Private Water and Wastewater Utilities [J]. Engineering Construction & Architectural Management, 2007, 14 (5).

[101] Kearney, Richard C, Morgan, et al. Collective Bargaining and Faculty Compensation Revisited: A Response and a Reaffirmation [J]. Sociology of Education, 1977, 50 (4).

[102] Laffont J J, Tirole J. The Politics of Government Decision-making: A Theory of Regulatory Capture [J]. Quarterly Journal of Economics, 1991, 106 (4).

[103] Lang, Martin, Calbert, et al. Evaluation of Yemen Water Supply Systems Management Project [J]. Wash Field Report, 1981 (22).

[104] Lin F, Storbeck J E. Pluralistic Views of Performance [J]. Management Decision, 2003, 41 (8).

[105] M Boyko, A Shleifer, R Vishny, et al. Partial Bibliography of Books and Articles about Wholesale Electricity Markets [J]. Defense Counsel Journal, 1996, 7 (5).

[106] Margari B B, Erbetta F, Petraglia C, et al. Regulatory and Environmental Effects on Public Transit Efficiency: A Mixed DEA-SFA Ap-

proach [J]. Journal of Regulatory Economics, 2007, 32 (2).

[107] Martin Cave Frydman R, Gray C, Hessel M, et al. When Does Privatization Work? The Impact of Private Ownership on Corporate Performance in the Transition Economies [J]. Quarterly Journal of Economics, 1999, 114 (4).

[108] Maziotis A, Saal D S, Thanassoulis E, et al. Price-cap Regulation in the English and Welsh Water Industry: A Proposal for Measuring Productivity Performance [J]. Utilities Policy, 2016 (41).

[109] Mbuvi D, Witte K D, Perelman S. Urban Water Sector Performance in Africa: A Step-wise Bias-corrected Efficiency and Effectiveness Analysis [J]. Utilities Policy, 2012, 22 (3).

[110] Megginson W L, Nash R C, Van Randenborgh M. The Privatization Dividend : A Worldwide Analysis of the Financial and Operating Performance of Newly Privatized Firms [J]. World Bank Other Operational Studies, 1996 (1).

[111] Oleh Havrylyshyn, Donal McGettigan. Privatization in Transition Countries [J]. Post-soviet Affairs, 2000, 16 (3).

[112] Panayotou T. An Inquiry into Population Resources and Environment [J]. Springer, 1996 (1).

[113] Parker A, Carter S, Whetsel R, et al. Nutrient Management in the San Jacinto Watershed: Tmdls Driving Stormwater Management Decisions [J]. Proceedings of the Water Environment Federation, 2003 (4).

[114] Pollitt M G, Steer S J. Economies of Scale and Scope in Network Industries: Lessons for the UK Water and Sewerage Sectors [J]. Utilities Policy, 2012, 21 (2).

[115] Pointon C, Matthews K. Dynamic Efficiency in the English and Welsh

Water and Sewerage Industry [J]. Omega, 2016 (60).

[116] Romano G, Guerrini A. Measuring and Comparing the Efficiency of Water Utility Companies: A Data Envelopment Analysis Approach [J]. Utilities Policy, 2011, 19 (3).

[117] Saal D S, Parker D. Productivity and Price Performance in the Privatized Water and Sewerage Companies of England and Wales [J]. Journal of Regulatory Economics, 2001, 20 (1).

[118] Samuelson P A. Consumption Theory in Terms of Revealed Preference [J]. Economica, 1948, 15 (60).

[119] See K F. Exploring and Analysing Sources of Technical Efficiency in Water Supply Services: Some Evidence from Southeast Asian Public Water Utilities [J]. Water Resources & Economics, 2015 (9).

[120] Shleifer A. State vs Private Ownership [J]. Journal of Economic Perspective, 1998 (1).

[121] Shirley M M, Patrick Walsh. Public vs Private Ownership: The Current State of the Debate [J]. Policy Research Working Paper, 2001, 10 (5).

[122] Spulber D. Market Microstructure: Intermediaries and the Theory of the Firm [J]. Economica, 1999, 53 (2).

[123] Stavins R N. Market-based Envlronrnental Polieies [J]. Publie Polieies for Environmental Proteetion, 2002 (2).

[124] Stern J. What Makes an Independent Regulator Independent? [J]. Business Strategy Review, 1997, 8 (2).

[125] Stigler P, Sarabia H, Fontanoz M. Improved Drinking Water Infrastructure, Management and Community Health in Rural Border Indigenous Communities of Baja California [J]. Proceedings of the Water Environment Federation, 2007, 1 (1).

[126]　Stiglitz J E. Knowledge as a Global Public Good [M]// Global Public Goods: International Cooperation in the 21st Century. New York: Oxfod University Press, 1999.

[127]　Thanassoulis E. The Use of Data Envelopment Analysis in the Regulation of UK Water Utilities: Water Distribution [J]. European Journal of Operational Research, 2000, 126 (2).

[128]　Vickers J, Yarrow G. Economic Perspectives on Privatization [J]. Journal of Economic Perspectives, 1991, 5 (2).

[129]　Viscusi W K, J E Harrington. Economics of Regulation and Antitust [M]. Cambridge: The MIT Press, 2005.

[130]　Vuurde J W V, Ruissen M A, Vruggink H. Principles and Prospects of New Serological Techniques Including Immunosorbent Immunofluorescence, Immunoaffinity Isolation and Immunosorbent Enrichment for Sensitive Detection of Phytopathogenic Bacteria [M]. Netherlands: Springer, 1987.

[131]　W Douglas Morgan. Investor Owned vs Publicly Owned Water Agencies: An Evaluation of the Property Right Theory of the Firm [J]. Journal of the American Water Resources Association, 1977 (8).

[132]　Walsh R P, Newbery D M. The Ecoclimatology of Danum, Sabah, in the Context of the World's Rainforest Regions, with Particular Reference to Dry Periods and Their Impact [J]. Philosophical Transactions of the Royal Society of London, 1999, 354 (1391).

[133]　Waterson M. Regulation of the Firm and Natural Monopoly [M]. Oxford: Basll Blackwell, 1988.

[134]　Weale A, Pridham G, Cini M, et al. Water Quality and European Environmental Governance [M]// Environmental Governance in Europe.

Oxford: Oxford University Press, 2002.

[135] Weizsäcker E U V, Young O, Finger M. Limits to Privatization [M]// Ernst Ulrich von Weizsäcker. Heidelberg: Springer International Publishing, 2014.

[136] William L Fisher, Albert F Surmont, Craig D Martin. Warmwater Stream and River Fisheries in the Southeastern United States: Are We Managing Them in Proportion to Their Values? [J]. Fisheries, 1998, 23 (12).

[137] Wolak F. An Econometric Analysis of the Asymmetric Information Regulator-utility Interaction [J]. Annalesd' Economie et de Statistiques, 1994 (34).

致　　谢

本书是在本人主持的国家社会科学基金结题报告（国家社会科学基金一般项目结题证书号——20190864）的基础上修改完成的。

这里首先要感谢课题组的全体成员。参与课题组前期研究的主要成员为刘克春教授和周萌萌、曾霖、孙梦熊三位硕士研究生；参与课题组后期研究的主要成员为王自力教授和邱俊钦、彭坤、唐凡、黄烨伟四位博士研究生及硕士研究生。课题研究结题报告10万余字凝聚了课题组全体人员许多心血与辛苦，在此必须深深道声——谢谢！

本书的出版得到了江西财经大学科研处、产业经济研究院的大力支持。在此，特别感谢江西财经大学副校长李春根教授、科研处处长刘满凤教授、产业经济研究院院长王自力教授、产业经济研究院副院长何小钢教授。

本书的出版还得到了企业管理出版社的有力支持。在本书的编辑修改中，两位责编加之美工编辑严肃严谨、尽心尽力，做了许多修改完善，可谓是认认真真、仔仔细细，使本书的质量水平在初稿的基础上又有了相当的提高与改进。编辑的辛苦与心血，本人深有感触。在此对郑亮、田天等编辑致以崇高的敬意与谢意！

"雄关漫道真如铁,而今迈步从头越"。书稿的出版又是一个新的起点,将以此为新动力,加倍努力投入研究工作,为国家培养社科研究优秀人才尽最大力量,为中国社会科学研究的繁荣昌盛尽绵薄之力!

陈明

2021年1月修订于江西财经大学蛟桥园